Gio Ponti

Hotel Valmartello al
Paradiso del Cevedale

Silke Alber

TU Wien
Technische Universität Wien

Institut für Kunstgeschichte,

Bauforschung und Denkmalpflege

Forschungsbereich Kunstgeschichte

Forschungsbereich Denkmalpflege

und Bauen im Bestand

Herausgeber

Nott Caviezel und Robert Stalla

Autorin / Author

Silke Alber, Architekturstudium in
Wien, lebt und arbeitet in Meran.

Wiener Schriften zur Kunstgeschichte
und Denkmalpflege • Band 6
Hrsg. / Eds. Nott Caviezel und / and
Robert Stalla

Verlag / Publishing

Deutscher Kunstverlag GmbH
Berlin München
Lützowstraße 33, 10785 Berlin
www.deutscherkunstverlag.de
Ein Unternehmen der / Part of Walter
de Gruyter GmbH Berlin Boston
www.degruyter.com

ISBN 978-3-422-07129-2

Vorwort Herausgeber

Ein Jahr nach Erscheinen des fünften Bandes der Wiener Schriften zur Kunstgeschichte und Denkmalpflege, freuen wir uns, die Reihe mit der vorliegenden Arbeit fortsetzen zu können. Auch bei diesem Band zeigte sich, dass das von Grund auf erneuerte Gestaltungskonzept von lenz + henrich gestalterinnen bei aller Stringenz die notwendige Offenheit und Flexibilität bietet, um unterschiedlichste Inhalte gestalterisch überzeugend umzusetzen; Elena Henrich verdanken wir auch den grafischen und typografischen Finish. Katharina Schwarzenegger besorgte mit Engagement und Umsicht die Redaktion und das Layout, die Autorin Silke Alber wirkte tatkräftig an der Überarbeitung ihres als Diplomarbeit eingereichten Textes mit. Ihnen beiden, dem Deutschen Kunstverlag, bei dem unsere Reihe erscheint, und der Medienfabrik Graz, die für den Druck und die Bindung besorgt war, danken wir herzlich.

Die Kunstgeschichte und die Denkmalpflege sind nahe Verwandte und durchdringen sich mit ihren Forschungsinteressen in mannigfacher Weise. Nicht selten treffen sich die Disziplinen am selben Artefakt, wo die Kunst und im weitesten Sinne das Handwerk kongenial zusammenwirken, das Kunstwerk und das Denkmal geeint in ihrer materiellen Erscheinung Gestalt annehmen. Von diesem Wechselspiel berichtet auch die vorliegende Arbeit über den vielseitig begabten Architekten und Designer Gio Ponti, der im abgelegenen Martelltal in Südtirol ein Hotel plante, dieses bis in seine Details entwarf und baute. Allerlei Bemühungen, das seit Jahrzehnten dem Verfall überlassene Gesamtkunstwerk zu neuem Leben zu erwecken, haben bis heute nicht gefruchtet. Es ist das Verdienst der Autorin Silke Alber, vor dem Hintergrund der spannenden Geschichte des Hotels, einen Einblick in das bauliche Umfeld und den Entwurfsprozess des Architekten zu geben und mit einer detaillierten Dokumentation des heutigen Zustands eine verlässliche Grundlage zu schaffen, um auf der Basis eines denkmalpflegerischen Konzepts und notwendiger baulicher Maßnahmen einer erneuerten Nutzung und somit dem Fortbestand dieses bedeutenden Zeugen der Tourismus-Architektur der Zwischenkriegszeit entgegenzublicken.

Nott Caviezel und Robert Stalla   Wien, im Herbst 2021

Vorwort Autorin

Diese Ausgabe der Wiener Schriften basiert auf meiner 2015 an der TU Wien eingereichten Masterarbeit. Als ich mich gegen Ende meines Studiums auf die Suche nach Themen für eine Abschlussarbeit machte, dachte ich ursprünglich an ein Entwurfsprojekt für ein leerstehendes Bestandsgebäude. Die Suche nach möglichen Objekten führte mich schließlich in den Vinschgau und zum *Hotel Paradiso*. Im Zuge der ersten Recherchen wurde ich auf die mit dem Projekt verbundene Thematik des Farbkonzepts aufmerksam, das mich von Beginn an in den Bann zog und die Weichen für diese Arbeit gestellt hat. Die Existenz von mehreren bereits verfassten Abschlussarbeiten, die das *Hotel Paradiso* mit unterschiedlichen Herangehensweisen beleuchten, beweist, dass dieses Thema nicht nur von der architektonischen und denkmalpflegerischen Warte aus betrachtet von Interesse ist.

Die zahlreichen Skizzen zum *Hotel Paradiso*, auch *Hotel Valmartello* genannt, die ich im Archiv CSAC in Parma einsehen konnte und die Entwurfsschritte, die dadurch im Ansatz nachvollzogen werden konnten, waren schließlich ausschlaggebend, das Thema nochmals aufzugreifen. Eine weitere wichtige Quelle ist die von Gio Ponti gegründete und lange geleitete Zeitschrift *Domus*, die Einblicke in Gedankengänge und Vorlieben des Architekten gewährt und dabei hilft, den Zeitgeist in seinem Werk zu erfassen.

Ein großer Dank gilt Professor Nott Caviezel für die Betreuung und Unterstützung bei der Verfassung der Arbeit und für die Einladung zu dieser Publikation. Besonders bedanken möchte ich mich bei Dipl.-Ing. Katharina Schwarzenegger für die großartige Hilfe bei der Überarbeitung der Texte, die vielen Hinweise auf sprachliche und inhaltliche Unklarheiten und für den Umbruch dieser Publikation.

Silke Alber

Meran, im Herbst 2021

Einleitung

Das *Hotel Valmartello al Paradiso del Cevedale*, kurz *Hotel Paradiso* genannt, befindet sich am hinteren Ende des Martelltals in Südtirol. 1935 beginnt der Mailänder Architekt Gio Ponti mit der Planung des Sporthotels, in einer von zahlreichen Dreitausendern umgebenen Gegend. Im *Paradies*, so nennen Einheimische den Standort, wird 1937 schließlich die etwa 150 Betten umfassende Kombination aus Luxushotel und Schutzhütte eröffnet. Der schmale, langgezogene Baukörper endet in einem konvexen Schwung und wird, passend zu den umliegenden Lärchenwäldern, grün gestrichen. Gio Ponti entwirft auch die gesamte Inneneinrichtung, und ein spielerisches Farbkonzept individualisiert die Räume. Die Hotelgäste werden in zwei Kategorien eingeteilt und räumlich voneinander getrennt. Die *ospiti* – die wohlhabenden Gäste – werden in luxuriösen Zimmern untergebracht, während die Zimmer der einfachen *turisti* mit Stockbetten ausgestattet sind. Der Krieg unterbricht den nur kurz währenden Betrieb, die anschließend versuchte Wiedereröffnung scheitert und 1946 schließt das Hotel endgültig seine Tore. 1952 erwirbt ein wohlhabender Reedereibesitzer das Bauwerk, erweitert es und lässt es in dem bis heute die Fassade dominierenden *rosso veneziano* streichen. Die Arbeiten werden jedoch aus ungeklärten Gründen nie vollendet. Auch die heutigen Besitzer denken über eine Wiederinbetriebnahme nach, das Vorhaben scheitert jedoch an der schlechten Infrastruktur. Das leerstehende, dem Verfall ausgesetzte Gebäude und die einzigartige Architektursprache Gio Pontis in Kombination mit der abgelegenen Lage fasziniert nicht nur Architekturliebhaber. Im Laufe der Jahre sind leider, bis auf wenige Ausnahmen, sämtliche Möbel entwendet worden. Außerdem zeigen sich innen wie außen teilweise massive, durch die extremen Wetterbedingungen und die mangelnde Wartung verursachte Feuchteschäden. Trotz des langen Leerstands taucht das Hotel immer wieder in den Medien auf, und laufend ergeben sich neue Diskussionen über den Fortbestand sowie mögliche Nutzungen.

Diese Publikation befasst sich unter anderem mit Gio Ponti und seiner stilistischen Entwicklung über die Jahre mit einem Fokus auf Entwürfe, die einen Bezug zum Thema „temporäres Wohnen" aufweisen. Um die Rahmenbedingungen der Entstehung des Hotels aufzuzeigen, wird auch kurz die faschistische Herangehensweise an die Tourismusarchitektur dieser Zeit behandelt. Der Bau, wie er 1937 errichtet wurde, wird mithilfe verschiedener Quellen beschrieben, gefolgt von einem Versuch, die umfangreichen Skizzen aus dem CSAC *(Centro Studi e Archivio della Comunicazione, Università di Parma)* chronologisch zu ordnen und in einzelne Entwurfsschritte zu unterteilen, um so den Entwurfsprozess so weit wie möglich nachvollziehbar darzulegen. Die später erfolgte Erweiterung und Aufstockung wird ebenfalls erfasst, gefolgt von einer Bestandsbeschreibung und einem Schadensbild. Den Abschluss bildet ein Revitalisierungskonzept, das für das Gebäude wieder eine Nutzung als Hotel und Schutzhütte vorsieht, mit dem Versuch die notwendigen Eingriffe auf ein Minimum zu beschränken.

Wichtige Informationen zur vorliegenden Arbeit wurden im CSAC gefunden. Das Archiv verfügt über mehr als 200 Skizzen, Zeichnungen, Pläne, Drucke und Fotos zum Projekt *Albergo in Val Martello*. Diese Unterlagen liefern interessante Hinweise auf die Arbeitsweise und den Entwurfsprozess von Gio Ponti. Eine Recherche in den 1928–1939 erschienenen Artikeln der Zeitschrift *Domus* konnten einen Einblick in die Ideen und Inspirationen des Architekten in jener Zeit bieten und helfen dabei, einige Entwurfsentscheidungen Pontis besser zu verstehen.

Bezüglich des Forschungsstands ist anzumerken, dass bereits mehrere Veröffentlichungen über das *Hotel Paradiso* existieren und das Gebäude in einigen Werken über alpine Architektur der Moderne Erwähnung findet. Es konnten vier Diplomarbeiten[1] zu dieser Thematik ausfindig gemacht werden, die sich auf unterschiedliche Weise mit dem Hotel befassen, ebenso eine 2016 erschienene Dissertation[2] an der ETH Zürich. Ivan Bocchio behandelt darin die politischen Hintergründe der Tourismusarchitektur im Zuge der Italianisierung Südtirols und den Zusammenhang von Architektur und nationaler Identitätsfindung. Der Entschluss, dennoch eine weitere Arbeit über das Bauwerk zu verfassen, basiert auf den zahlreichen noch nicht veröffentlichten Unterlagen aus dem CSAC, die nähere Einblicke in die Entwurfsschritte, die Farbgebung und die Gestaltung der Möbel des Hotels bieten. Außerdem liegt die letzte Bestandsaufnahme, die ausfindig gemacht werden konnte, über 20 Jahre zurück.

1 Palla, Stefan, TU Wien, 1997; Eberhöfer, Roswitha, TU Wien, 1999; Haller, Michaela, Universität Innsbruck, 2004; Hobinger, Sissy/Martin Feichtinger, TU Graz, 2009.
2 Bocchio, Ivan, ETH Zürich, 2016.

Hintergründe

Gio Ponti
Biografische Eckdaten

1891 Geburt Giovanni Pontis am 18.11.1891.

1913 – 1921 Architektur-studium am *Politecnico di Milano*, zwischenzeitlich unterbrochen, um im Ersten Weltkrieg zu dienen.[3]

1923 Beginn der Zusammenarbeit mit dem Porzellanhersteller Richard-Ginori.[4]

1924 – 1926 Entwurf seines ersten Hauses in der *Via Randaccio* in Mailand (Abb. 1).

1927 – 1933 Eröffnung seines Büros in Mailand, gemeinsam mit dem Architekten Emilio Lancia. In diesen Jahren begeistert er sich vor allem für klassische Formen, Malerei und *arti decorative* (dekorative Kunst).[5]

1928 Entstehung des Wohnhauses in der *Via Domenichino* in Mailand und Gründung der Zeitschrift *Domus*.[6]

1930 Beginn von Gio Pontis Mitwirkung an der Triennale in Mailand. Weitere Teilnahmejahre: 1933, 1936, 1940, 1951.[7]

1931 Übernahme der künstlerischen Leitung der Firma *Luigi Fontana*, später *Fontana Arte* genannt.[8]

1933 – 1938 Auflösung des Büros *Ponti-Lancia*. Beginn der Zusammenarbeit mit Antonio Fornaroli und Eugenio Soncini, die bis 1945 andauert. / Entstehung wichtiger Werke wie die *Scuola di Matematica alla Città Universitaria di Roma* (1934) (Abb. 2), der *Palazzo Montecatini* (1936 – 1938) (Abb. 3), zahlreiche Wohnbauten wie zum Beispiel die *Casa Marmont* (1934 – 1936) und die *Casa Laporte* (1934 – 1936).[9]

1935 – 1937 Entstehung des *Hotel Valmartello al Paradiso del Cevedale*.

1936 – 1938 Bau des *Palazzo Montecatini*.

1936 – 1961 Beginn seiner Arbeit als Dozent am *Politecnico di Milano*.[10]

1938 Bekanntschaft mit Bernard Rudofsky. / Beginn der Phase der *architettura ideale mediterranea* (die ideale mediterrane Architektur).[11]

1939 – 1941 Herausgabe der Zeitschrift *Aria d'Italia* gemeinsam mit Daria Guarnati.[12]

1941 – 1947 Pausierung der Tätigkeit in der Direktion von *Domus* und Herausgabe der Zeitschrift *Stile*. / Erneute Annäherung an Themen wie Malerei und die *arti decorative*, in Zusammenarbeit mit Venini und De Poli. / Gestaltung mehrerer Bühnenbilder.[13]

Abb. 1 Casa in via Randaccio, 1926
Abb. 2 Scuola di Matematica, 1934
Abb. 3 Primo Palazzo Montecatini, 1938
Abb. 4 Villa Planchart, 1955
Abb. 5 Grattacielo Pirelli, 1956
Abb. 6 Kathedrale von Taranto, 1970

3 Licitra Ponti, Lisa, Gio Ponti – L'opera, Milano 1990, S. 287.
4 Gio Ponti Archives, (20.09.2021), URL s. Quellenverzeichnis.
5 ibd.
6 ibd.
7 ibd.
8 ibd.
9 Licitra Ponti, 1990, S. 47.
10 Licitra Ponti, 1990, S. 287.
11 Gio Ponti Archives, (20.09.2021), URL s. Quellenverzeichnis.
12 ibd.
13 Gio Ponti Archives, (20.09.2021), URL s. Quellenverzeichnis.

1948 Pontis Rückkehr zu *Domus*, wo er bis an sein Lebensende die Funktion des Direktors ausübt.[14]

1952 Gründung des Studios *Ponti, Fornaroli, Rosselli*.

1954 Gründung des Preises *Compasso d'Oro*. / Geburtsstunde
der Theorie der *forma finita* (vollendete Form). / Beginn der
Phase der *pareti organizzate* (geordnete Wände), in die auch
das Konzept der *finestra arredata* (möbliertes Fenster) fällt.
Exemplarische Beispiele hierfür sind die *Villa Planchart* (1955)
(Abb. 4), die *Villa Arreaza* (1956) in Caracas und die *Villa
Nemazee* in Teheran (1957–1964).[15]

1956 Entstehung des *Grattacielo Pirelli* in Zusammenarbeit
mit Pierluigi Nervi (Abb. 5).

1957 Publikation des Buches *Amate l'architettura* (liebt die
Architektur). / Entwurf des Stuhls *La Superleggera* für die
Firma Cassina.

1964 – 1970 Errichtung der *Kathedrale von Taranto* (Abb. 6).

1971 Entstehung des *Denver Art Museums*.

1979 Tod Gio Pontis am 16.09.1979 in Mailand.

Gio Ponti – Werk und Entwicklung

Vielseitigkeit und Flexibilität sind die Begriffe, mit denen sich Gio Ponti und sein Werk am Ehesten beschreiben lassen.
Die Zuordnung zu einer architektonischen Richtung oder zu
einer künstlerischen Gattung ist aufgrund der unglaublichen
Menge an Arbeiten schwierig. Keramik, Möbel, Besteck,
Lampen, Stoffe, Bühnenbilder, Kostüme, Einrichtungen, Bilder,
Grafiken sowie Zeitschriften finden sich in seinem Schaffen.
Für Ponti schließt Architektur alle Künste ein.[16] So gilt er in
der italienischen Architekturgeschichte als zentrale Figur, die
keiner Tendenz klar zugeordnet werden kann. In den 20ern
und Anfang der 30er wird sein Stil dem Neoklassizismus zu-
gerechnet, wobei Lucia Miodini in ihrem Buch *Gio Ponti. Gli
anni trenta* Pontis Werk folgendermaßen beschreibt: „*Sein
konstanter Bezug zum Klassizismus führt dazu, dass er weder
der Moderne zugeordnet, noch als Traditionalist bezeichnet
werden kann.*"[17] Er bewundert die Architektur Palladios,
beginnt stilistisch mit dem *novecento*, zeigt dennoch eine hohe
Anerkennung für die Kunst der Futuristen, sympathisiert mit
den funktionalen Ideen des *razionalismo*, verehrt die *Wiener
Secession* sowie die *Wiener Werkstätte* und arbeitet für das
faschistische Regime, bekennt sich aber nie klar zu ihm.[18]

14 Licitra Ponti, 1990, S. 287.

15 Gio Ponti Archives, (20.09.2021),
URL s. Quellenverzeichnis.

16 ibd.

17 Miodini, Lucia, Gio Ponti. Gli anni
trenta, Milano 2001, S. 33, Zitat
s. Anhang, Originale Zitate italienisch,
S. 182.

18 Miodini, 2001, S. 33 – 42.

So werden auch alle genannten Positionen von Gio Ponti in der Zeitschrift *Domus* aufgegriffen und veröffentlicht. Ein Begriff, der dabei immer wieder auftaucht, ist jener der *italianità*, der die Suche nach einer nationalen Identität beschreibt.[19] Gio Pontis Werk zieht sich durch sechs Jahrzehnte, in denen sich sein Stil fortwährend entwickelt. Um diese Entwicklung besser beschreiben zu können, wird seine Arbeit auf folgenden Seiten in Jahrzehnte gegliedert.

1920er

Ponti schließt sein Studium am *Politecnico di Milano* im Jahre 1921 ab. Der Unterricht an der Universität orientiert sich zwischen 1910 und 1920 vor allem am späten 19. Jahrhundert mit Fächern wie *decorazione e figura* (Dekoration und Form), *scenografia e disegno* (Szenografie und Zeichnen), *architettura pratica* (praktische Architektur) und *architettura* (Architektur). Bereits im Jahre 1921 bezieht er gemeinsam mit den Architekten Muzio, Lancia, Di Finetti und Fiocchi ein Büro in Mailand.[20] Zu Beginn seiner Tätigkeit als Architekt übernimmt Ponti die künstlerische Leitung der Keramikmanufaktur *Richard-Ginori*, für die er neue Modelle entwirft, die schließlich auf Ausstellungen gezeigt werden, und leitet die Serienproduktion ein. Die in Zeitschriften veröffentlichten Werbezeichnungen stammen ebenfalls aus seiner Feder. Derart folgt eine rege Zusammenarbeit mit mehreren Manufakturen.[21] Zwischen 1924 und 1926 entsteht sein erstes Gebäude, ein Wohnhaus in der *Via Randaccio* in Mailand (Abb. 1), kurz darauf die *Villa Bouilhet* in Garches, in der Nähe von Paris. Diese Bauten können aufgrund ihrer Formsprache der neoklassizistischen Bewegung des *novecento* zugeordnet werden.[22] 1926 erfolgt die Gründung eines Büros mit Emilio Lancia. Im Jahre 1928 ruft er gemeinsam mit Gianni Mazzocchi die Zeitschrift *Domus* ins Leben.[23] Die Themengebiete umfassen Architektur, Einrichtung, Dekoration bis hin zu Gartengestaltung. Neben der Abhandlung aktueller architektonischer Fragen werden beispielsweise auch detaillierte Möbelzeichnungen publiziert, mit dem Aufruf, die Möbel vom Tischler nachbauen zu lassen. Die häufige Verwendung des Begriffs *italianità* spiegelt den Zeitgeist der nationalen Identitätsfindung wider. Zu Beginn seiner Redaktionsarbeit lobt Ponti einen neuen Stil, der die Antike nicht nachahmt, sondern sie neu erfindet, und drückt sich klar gegen die Moderne aus. Dabei orientiert er sich an der *Wiener Secession* und der *Wiener Werkstätte*.[24]

19 Miodini, 2001, S. 63.

20 Miodini, 2001, S. 51.

21 Gio Ponti Archives, (20.09.2021), URL s. Quellenverzeichnis.

22 Licitra Ponti, 1990, S. 25.

23 Gio Ponti Archives, (20.09.2021), URL s. Quellenverzeichnis.

24 Miodini, 2001, S. 52.

1930er

Gio Ponti beteiligt sich an der IV. Triennale 1930, die in diesem Jahr in Monza stattfindet. Auch in den darauffolgenden Jahren befindet sich Ponti unter den Teilnehmern der Triennale. Die Diskussion zwischen Traditionalisten und Rationalisten setzt sich in dieser Zeit mit der Suche nach dem „italienischen Stil" fort. Wenn auch er selbst noch teilweise dem *novecento* zugeordnet wird, greift Ponti in der Zeitschrift *Domus* alle Positionen auf und zeigt sie den Lesern. Wie bereits erwähnt, lässt sich seine Auffassung von zeitgemäßer Architektur keiner Bewegung klar zuordnen, weswegen schließlich auch die Zeitschrift nicht mehr als Publikation des Neoklassizismus gesehen werden kann. In seinen Entwürfen, aber auch den realisierten Wohnbauten dieser Zeit zeigt der Architekt seine Vorliebe für Farben. Die bunte Gestaltung, beispielsweise im Haus in der *Via Domenichino*, wird als Symbol für die „italienische Fröhlichkeit" bezeichnet.[25] In Pontis Wohnbauten wird die Gesamtheit von Gebäude, Räumen und Möbeln sichtbar. Er nutzt Einrichtungen als Raumteiler und entwirft multifunktionale Möbel, wie zum Beispiel ein Sofa, das gleichzeitig ein Regal enthält. Insgesamt scheinen die Ideen des Architekten zum Thema „modernes Wohnen" in dieser Zeit mehr Parallelen zu den österreichischen Architekten wie Hoffmann, Loos, Frank, Strnad und Wlach aufzuweisen als zur italienischen Moderne.[26] 1933 gründet er gemeinsam mit den Ingenieuren Fornaroli und Soncini ein Büro, das in dieser Konstellation bis 1945 bestehen bleibt. 1934 entwirft er die *Scuola di Matematica alla Città Universitaria di Roma* (Abb. 2) und 1936 beginnt er mit dem Entwurf des *Palazzo Montecatini* (Abb. 3). Laut den Kritikern Benevolo und Zevi handelt es sich hierbei um die einzigen von Ponti entworfenen Gebäude, die tatsächlich der *architettura razionalista* zugeordnet werden können.[27] Auf der VII. Triennale im Jahre 1940, einer sich unter dem Einfluss von Marcello Piacentini sehr traditionalistisch gestalteten Ausstellung, präsentiert Ponti zwei funktionalistische Projekte: den *Palazzo Montecatini* und das *Hotel Paradiso* im Martelltal. Die einige Jahre später realisierte Aufstockung des *Palazzo Montecatini* erfolgte ohne die Zustimmung des Architekten und gilt letztlich als Auslöser für seine Suche nach der *forma finita*.[28] Gegen Ende dieses Jahrzehnts arbeitet Ponti bei mehreren Entwürfen mit Bernard Rudofsky zusammen an Projekten mediterraner Architektur.

25 Miodini, 2001, S. 68.

26 Miodini, 2001, S. 70.

27 Miodini, 2001, S. 40.

28 Gio Ponti Archives, (20.09.2021), URL s. Quellenverzeichnis.

1940er

In diesen Jahren gilt die Zeitschrift *Stile* als herausragende Leistung des Architekten. Die Gründung der Zeitschrift datiert in das Jahr 1941 und und steht bis 1947 unter der Leitung Gio Pontis. In dieser Zeit verlässt er seine Zeitschrift *Domus* vorübergehend. Aufgrund finanzieller Probleme in den Kriegsjahren schreibt Ponti unter 22 Pseudonymen für die Zeitschrift *Stile* weiter. Dabei kämpft er immer noch, zumindest schriftlich, für Italien, die *italianità* und deren Stärke im Bereich der Kunst, die natürlich auch die Architektur beinhaltet.[29] Weiters entwirft er für die Glasmanufaktur *Venini*, Besteck für *Krupp*, Möbel für *Cassina* und widmet sich wieder mehr der Malerei. Außerdem zeigt er sich verantwortlich für das Bühnenbild und die Kostüme mehrerer Aufführungen an der *Mailänder Scala*. Zu den aufgeführten Werken zählen *Festa Romantica* von Piccioli (1944), *Mondo Tondo* (1945) und *Orfeo* von Gluck (1946 – 1947). 1948 kehrt Gio Ponti zu seiner Zeitschrift *Domus* zurück. Selbstverständlich entstehen auch während dieser Zeit Entwürfe, wie beispielsweise das Projekt zur Erschließung der Dolomiten und ein Firmensitz für den Verlag *Mondadori*, allerdings wird nur wenig davon realisiert. Gegen Ende des Jahrzehnts beginnt Gio Ponti in Zusammenarbeit mit Nino Zoncada mit dem Entwurf von Schiffsinterieurs.[30]

1950er

Mit den Fünfzigern kommt ein neuer Aufschwung. Die in diesen Jahren realisierten Projekte zählen zu den bekanntesten des Architekten und Ponti beginnt vermehrt, international tätig zu sein. Zu den bekanntesten Vorhaben dieser Zeit gehören die Einrichtung von Überseeschiffen, der zweite *Palazzo Montecatini*, die *Villa Planchart* in Caracas (Abb. 4), der *Pirelli-Turm* (Abb. 5) und der Stuhl *Superleggera*. Außerdem realisiert er mehrere Elektrowerke in den italienischen Alpen, das *Istituto Italiano di Cultura – Fondazione Lerici* in Stockholm, einen Regierungspalast in Baghdad und das Büro der *Alitalia* in New York, um nur eine kleine Auswahl zu nennen. In diesen Jahren greift er das Thema des *möblierten Fensters*[31] auf und veröffentlicht 1957 das Buch *Amate l'architettura*, eine Neuauflage des bereits 1945 erschienenen Buches *L'architettura è un cristallo*, das in mehrere Sprachen übersetzt wird. Die in diesen Jahren errichteten Gebäude folgen dem Prinzip der *forma finita*[32]. Die Gebäude weisen teils unregelmäßige Öffnungen auf, viele verfügen über verwinkelte Fassaden.

29 Gio Ponti Archives, (20.09.2021), URL s. Quellenverzeichnis.

30 Piccione, Paolo, Gio Ponti. Le navi, Il progetto degli interni navali 1948–1953, Milano 2007, S. 9.

31 Gio Ponti Archives, (20.09.2021), URL s. Quellenverzeichnis.

32 Licitra Ponti, 1990, S. 147.

Die Dächer wirken leicht, fast schwebend und die Grundrisse sind offen und nach Lichteinfall und Blickrichtungen ausgerichtet.

1960er

Die oben genannten formalen Kennzeichen verstärken sich in den folgenden Jahren zusätzlich und finden sowohl im Design als auch in der Architektur Anwendung. Die Grundrisse der Gebäude sind häufig langgestreckt, nicht allzu tief und laufen an den Enden spitz zu. Die Form ähnelt zunehmend einem Kristall, wie man etwa bei den Projekten der Villen auf der Insel Elba oder die Kirche *San Francesco al Fopponino* in Mailand erkennen kann. Die Öffnungen in den Fassaden häufen sich bis hin zu einem aufgelösten Fassadenbild, wie zum Beispiel bei der *Kathedrale in Taranto* (Abb. 6). Ein neuer Leitspruch Gio Pontis ist: *„Architektur wird zum Anschauen gemacht"*[33]. Von dieser Idee geleitet spielt Ponti zunehmend mit Oberflächen, Öffnungen und Farben. Die Fassaden seiner Entwürfe werden nun unter anderem mit Keramiken verkleidet und vom Grundriss gelöst.

1970er

1971 wird das *Denver Art Museum* fertiggestellt. Außerdem entwirft Ponti in dieser Zeit zusätzlich Stoffe, Möbel, Einrichtungen und Fliesen. Die Begeisterung für Keramik hält sich bis an sein Lebensende. 1974 wird beispielsweise eine Fassade in Hong Kong nach seinem Entwurf mit einem aus Keramik gefertigten Blättermuster verwirklicht und 1976 plant er den Boden des Büros der *Salzburger Nachrichten* mit einem bunten, durch mehrere Räume laufenden Muster auf Fliesen.[34] Gio Ponti stirbt am 16.09.1979 in Mailand.

Tourismus im Italien der 1930er

Die V. Triennale im Jahr 1933 widmet sich mit der *mostra dell'abitazione* überwiegend dem Wohnungs- und Hausbau, und zeigt moderne Wohnmöglichkeiten für verschiedene soziale Schichten.[35] Die Ausstellung soll dabei auch als Informationsquelle für Hoteliers dienen, da es an umfassenden Veröffentlichungen zum Hotelbau mangelt. Unter den verschiedensten Wohnbauten für Künstler, Arbeiter und Urlauber am Meer oder in den Bergen, befindet sich auch der Entwurf für ein Hotel mit dem Namen *piccolo albergo di mezza montagna* (kleines Hotel im Mittelgebirge). Eine Gruppe von Turiner

33 Licitra Ponti, Lisa, Gio Ponti – L'opera, Milano 1990, S. 207.
34 Gio Ponti Archives, (20.09.2021), URL s. Quellenverzeichnis.
35 O. A., La mostra dell'abitazione, in: Domus, Nr. 65, 1933, S. 230.

Architekten, unter denen sich auch Nicola Mosso befindet, befasst sich mit Ansprüchen an den Hotelbau zu dieser Zeit und stellt das Ergebnis beispielhaft auf der Triennale aus (Abb. 7). Das Hotel wird in der Zeitschrift *Domus* im Jahre 1933 schließlich als Spiegel der gastgebenden Nation gesehen: *„Die Besucher können (und sie tun es!) die Kultiviertheit eines Landes an der seiner Hotels messen."* [36] Der Entwurf zeigt deshalb typische Elemente eines kleinen Berghotels, befasst sich aber auch mit allgemeingültigen Themen, wie der Zimmerausstattung und dem Ablauf verschiedener Funktionen im Hotel. Schon bei diesem Entwurf wird zwischen verschiedenen Gästekategorien unterschieden: einerseits den *ospiti di transito* (Durchgangsgästen), andererseits den *ospiti permanenti* (die länger verweilenden Gäste), die auf verschiedenen Stockwerken untergebracht werden und über getrennte Restaurants verfügen. Die Größe und Ausstattung der Zimmer unterscheidet sich zwischen den Kategorien jedoch nicht wesentlich – alle Zimmer verfügen über ein WC, ein Waschbecken und einige auch über eine Badewanne.[37] Die Differenzierung in Gästeklassen kann auf unterschiedliche Art interpretiert werden: einerseits als Unterstützung der Eitelkeit und des Geltungsbedürfnisses der höheren Klassen, die eine spezielle Behandlung verlangen, aber auch als Forderung, dass jeder ein Recht auf Urlaub hat.

Der Versuch, ein ideales Hotel zu zeigen, orientiert sich unter anderem auch an den Entwürfen verschiedener Turiner Architekten, die im vorhergehenden Jahr in einer *Domus*-Ausgabe veröffentlicht worden sind.[38] Stilistisch handelt es sich durchgehend um vom *razionalismo* beeinflusste Projekte, darunter auch der Entwurf von Paolo Perona und Mario Passanti, die später am Entwurf für die Triennale beteiligt sind und die Trennung von *turisti* (Touristen) und *ospiti* (Gasten) bereits andeuten.

In den folgenden Jahren werden, auch aufgrund von staatlichen Förderungen, zahlreiche Hotels realisiert und auch die Alpen werden zum Schauplatz spekulativer Geschäfte, die massive Bauten ohne jeglichen Bezug zur Umgebung hervorbringen. Die noch heute zu den bekanntesten italienischen Zentren des Wintersports zählenden Ortschaften, wie Cortina d'Ampezzo, Sestriere, Salice d'Ulzio, Cervinia und Courmayeur entstehen in dieser Zeit. Abgelegene, kleine Dörfer werden in wenigen Jahren zu Orten des Massentourismus.

36 O. A., Il problema architettonico alberghiero, in: Domus, Nr. 69, 1933, S. 478, Zitat s. Anhang, Originale Zitate italienisch, S. 182.

37 O. A., Il problema architettonico alberghiero, in: Domus, Nr. 69, 1933, S. 478 – 483.

38 O. A., Quattro progetti di piccoli alberghi per montagna, in: Domus, Nr. 55, 1932, S. 397 – 400.

Die Gefahren dieser Entwicklung für das alpine Gebiet werden schon früh erkannt und diskutiert, wie etwa von Rafaele Calzini in einer *Domus*-Ausgabe im Jahr 1931: *„Wird es uns gelingen, die alpinen Dörfer vor dem pseudorationalistischen oder dem schlechten, modernen Bauwahn, den Nachäffungen, den größenwahnsinnigen Regelungen zu bewahren? Müssen wir wirklich Hirten in Seidensöckchen und Hütten in Stahlbeton sehen?"*[39] So entstehen auch Initiativen zum geregelten Bau von touristischen Projekten, die aber nicht realisiert werden, wie beispielsweise ein im Jahre 1935 von Mario Cereghini entstandener Entwurf.[40]

Die neuen Touristen fordern nun auch in entlegenen Gebieten Hotels, in denen jedes Zimmer wenigstens über einen Warmwasseranschluss und über Anlagen wie eine Bar mit gut ausgebildetem Personal, eine Garage, einen Friseur und einen Masseur verfügt.[41] Der Wunsch die Alpen möglichst nah zu erleben, ohne jedoch auf den gewohnten Luxus zu verzichten, gewinnt an Bedeutung. Aus diesen Forderungen resultieren teilweise monumentale Bauten, die aufgrund ihres urbanen Maßstabs und fehlender Integration in die Landschaft kritisiert werden. Die urban erscheinenden Baukörper in den dörflich gewachsenen Strukturen lassen die regionaltypischen Bestandsbauten wie Fremdkörper wirken.[42]

Die Diskussion über den richtigen Baustil pendelt zwischen den Meinungen des *neoclassicismo*, des *novecento* und des *razionalismo*. Eine Gemeinsamkeit ist jedoch die Bezugnahme auf Begriffe wie *italianità* (italienische Art) und *nostranità* (einheimische Art), die die Suche nach einer nationalen Identität beschreiben. In dieser Hinsicht fühlen sich alle Bewegungen dem Faschismus verbunden und erheben für sich den Anspruch, die passende Architektur liefern zu können. Der Faschismus wird dabei als moderne Revolution begriffen, die Italien wieder zu der Größe des römischen Reichs führen soll.[43] Entsprechend vielfältig fallen folglich die Hotelentwürfe dieser Zeit aus. Zu den bedeutende Architekten in diesem Bereich zählen beispielsweise Piero Portaluppi, der Zugabteile in einen Hotelentwurf integriert, Melis de Villa, der eine Schutzhütte neu denkt (Abb. 9) und Bonadè Bottino, der für seine Planung von markanten Hoteltürmen (Abb. 8) bekannt ist. Trotzdem erkennen die Architekten gegenseitig ihre Leistungen, obwohl sie sich verschiedenen Bewegungen angehörig fühlen. Auch Marcello Piacentini führt in einem Artikel in der Zeitschrift

Abb. 7 Arch. Nicola Mosso, Piccolo albergo in mezza montagna, V. Triennale von Mailand, 1933

Abb. 8 Bondadé Bottino, Hotel Torre di Sestrières, Piemont, 1933

Abb. 9 Armando Melis de Villa, Schutzhütte, Gran Paradiso, Aosta, 1933

39 Calzini, Raffaele, Per la conservazione di tradizioni decorativi, in: Domus, Nr. 47, 1931, S. 48, Zitat s. Anhang, Originale Zitate italienisch, S. 182.

40 Bolzoni, Luciano, Architettura moderna nelle alpi italiane – dal 1900 alla fine degli anni Cinquanta, Turin 2000, S. 30.

41 Cereghini, Mario, Costruire in montagna, Mailand 1950, S. 153.

42 Bolzoni, 2000, S. 10 – 13.

43 Damus, Martin, Architekturform und Gesellschaftsform. Architektur und Städtebau unter dem Einfluss von Industrialisierung, Großvergesellschaftung und Globalisierung 1890 – 1945, Berlin 2010, S. 398 – 411.

Architettura einige der, seiner Meinung nach, besten Bauten in der Zeit des Faschismus an, obwohl er als führender Verfechter des Neoklassizismus gilt. Darunter befinden sich unter anderem Bauten von Giovanni Muzio, Vertreter des *novecento*, von Giuseppe Terragni, einer der Begründer des *razionalismo* aber auch Gio Ponti wird mit dem *Palazzo Montecatini* und dem *Hotel Paradiso* erwähnt.[44]

1938 nimmt Cesare Pinchetti, der damalige Präsident der *Federazione Nazionale Fascista Alberghi e Turismo* (nationaler faschistischer Verband für Hotels und Tourismus), in einem Artikel mit dem Titel *La nostra attrezzatura alberghiera, ieri oggi domani* (Unsere Hotelausstattung, gestern, heute, morgen) Stellung zur aktuellen Situation. Darin kritisiert er, dass Italien, obwohl es in den vorhergehenden Jahrzehnten im Bereich des Tourismus durchaus mit anderen Ländern Schritt halten konnte, vor allem in den Jahren nach dem Ersten Weltkrieg den Anschluss verpasst habe. Der Tourismus habe sich gewandelt, es handle sich nicht mehr um ein Privileg von einigen wenigen, sondern um den Beginn des Massentourismus. Weltweit würden auch bisher touristisch unerschlossene Nationen um die neuen Touristen kämpfen, während auf italienischem Boden wenig passiere und die wenigen Versuche seien ohne jegliches Konzept oder Methode. 1928 wäre zwar die faschistische Politik mit der Gründung der *Federazione Nazionale Fascista Alberghi e Turismo* im Begriff gewesen, die Situation zu verbessern, doch hätte die Weltwirtschaftskrise diese Bemühungen verhindert. Die Tourismuskrise in Italien wäre laut Pinchetti erst im Jahre 1935 überwunden gewesen und, damit sich die betroffenen Betriebe möglichst schnell den Standards anpassen könnten, würde der Staat finanzielle Unterstützung anbieten. Doch wie sollte ein modernes Hotel aussehen? Pinchetti schreibt: „*Ein modernes Hotel muss dem Ort, an dem es gebaut wird, den Kunden, die es ansprechen will und den Gründen, aus denen diese kommen und bleiben, angepasst sein.*"[45] Als weitere Voraussetzungen nennt Cesare Pinchetti eine gute Schalldämmung, ein voll ausgestattetes Bad für höhere Hotelklassen, für jede Kategorie zumindest einen Kalt- und Warmwasseranschluss, unnötige staubfangende Dekorationen an den Wänden seien zu vermeiden, und der Boden müsse leicht zu reinigen sein. Funktionale Grundrisslösungen sollten angestrebt werden, die durch das Nebeneinanderliegen der Zimmer für Betriebsangehörige dazu führen,

44 Piacentini, Marcello, Onore dell'architettura italiana, in: Architettura, Nr. 7, 1941, S. 263 – 273.

45 ibid. Zitat s. Anhang, Originale Zitate italienisch, S. 182.

dass unnötige Wege und somit Personal eingespart, und die Überwachung der Mitarbeiter erleichtert werden könnte.[46] Die genannten Punkte gelten sowohl für Neubauten als auch für bereits bestehende Hotels, die nachrüsten sollten. So werden auch Beispiele angeführt, wie die Räume von älteren Hotels einfach modernisiert werden können: Überflüssige Ornamente verschwinden, neue Materialien kommen zum Einsatz und die Möbel werden ausgetauscht. Bei der Materialwahl gilt Linoleum als Maß aller Dinge, denn es ist besonders pflegeleicht, einfach zu reinigen und wird somit nicht nur als Bodenbelag gegenüber Holz bevorzugt. Es kommt für Wände, Möbel und als Verkleidung von Stützen in allen Farben zum Einsatz.[47]

Die VII. Triennale im Jahr 1940 legt den Fokus unter anderem auch auf Hotelzimmer. Einen besonderen Stellenwert erlangen in diesem Jahr die Einrichtung und die Voraussetzungen, die ein zeitgemäßes Hotel erfüllen sollte, um den Ansprüchen der Gäste zu entsprechen. In einem vor der Ausstellung veröffentlichten Artikel meldet sich auch Gio Ponti zu Wort, in dem er appelliert, die Hotelausstattung noch vor der Eröffnung der *E42*[48] zu verbessern, denn sie würde laut seiner Überzeugung einen regen Touristenansturm auf ganz Italien bewirken. Gründe dafür seien die Vorzüge der italienischen Produktionen – von Glas, über Besteck, bis hin zu Stoffen, die ebenfalls in Hotels gezeigt werden sollten, um eine „stilistisch italienische Atmosphäre"[49] zu erzeugen. Dasselbe gilt für die Möblierung der Zimmer. Einzelzimmer werden auf der Triennale ebenso gezeigt wie Doppelzimmer, sortiert nach verschiedenen Kategorien, Zielgruppen, Standorten und Dauer des Aufenthalts. Das wichtigste dabei sei mit „italienischer Qualität" zu brillieren und „das Hotel dazu zu benutzen *[...] die Gäste zu halten, zum Wiederkehren zu bewegen und zu Werkträgern zu machen*".[50] Das Hotelzimmer soll mehr als nur ein Schlafzimmer in einem Hotel sein und es soll auch für sich stehen. Jedes Zimmer kann ohne hohe Kosten individuell gestaltet werden, mit einfachen Mitteln wie Farben, Bezügen und Vorhängen.[51]

Beim Lesen der Beschreibungen eines idealen Hotels wirkt das *Hotel Paradiso* wie ein Paradebeispiel. Die Farben, die verschiedenen Zimmer mit unterschiedlicher Ausstattung, die Verwendung von farbigem Linoleum, der städtische Luxus in Verbindung mit der Abgelegenheit eines Schutzhauses, erfüllen jegliche Voraussetzung dieser Zeit. Ein Artikel in einer

46 Pinchetti, 1938, o. S.

47 o.T., in: edilizia moderna, Nr. 27, 1938, S. 48 – 57.

48 Kürzel für die 1942 in Rom geplante Weltausstellung.

49 Ponti, Gio, L'attrezzatura alberghiera e la produzione nazionale, in: Domus, Nr. 138, 1939, S. 69.

50 Ponti, Gio, L'attrezzatura alberghiera e la produzione nazionale, in: Domus, Nr. 138, 1939, S. 70, Zitat s. Anhang, Originale Zitate italienisch, S. 182.

51 Ponti, Gio, L'attrezzatura alberghiera e la produzione nazionale, in: Domus, Nr. 138, 1939, S. 69 – 70.

Domus-Ausgabe von 1938 beschreibt: „*Die italienische Hotellandschaft wird nicht nur durch ein neues Hotel berei- chert, mit ihm kommt eine neue Zone, welche die italienische Tourismuslandschaft bereichert.*"[52]

Trotz des großen Aufwands und der Förderprogramme bleibt bezüglich des vorbildhaften Hotelbaus in Südtirol das *Hotel Paradiso* eine Ausnahme. Die faschistische Architektur fokussiert sich auf die Städte, weniger auf den alpinen Touris- mus. In Bozen und Meran werden beispielsweise ganze Viertel errichtet wobei die ländlichen Gebiete, mit wenigen Ausnah- men, außer Acht gelassen werden.[53] Auch ein Entwurf Gio Pontis für die großräumige touristische Erschließung der Dolomiten durch ein Seilbahnnetz, kombiniert mit Hotels und Restaurants, wird nie vollendet.[54] Zudem verlieren Architek- ten mit einem deutschen oder österreichischen Diplom nach 1930 ihre Zulassung in Italien, was eine Weiterführung der in den Anfängen stehenden alpinen Moderne von Architekten wie Franz Baumann, Lois Welzenbacher und Clemens Holz- meister zum Stillstand kommen lässt.[55]

Gio Ponti und das temporäre Wohnen

Im Laufe der Jahre arbeitet Gio Ponti an vielen Entwür- fen, die unter dem Begriff „temporäres Wohnen" zusam- mengefasst werden können. Folgend werden diese Projekte in zeitlicher Reihenfolge aufgelistet und beschrieben, um einen Überblick über die große Bandbreite von Pontis Ideen zu dieser Thematik geben zu können.

1930: Arredamento per una cabina di lusso su un trans- atlantico per la IV. Triennale di Monza

Die Innenausstattung der in den 1920ern verkehrenden ita- lienischen Dampfer weist in Anlehnung an die seinerzeit be- kannten Hotels Elemente des dekorativen Historismus auf. Mit dem Wandel der Architekturszene und der einhergehenden Kritik am Historismus wird auch die Diskrepanz zwischen den neuen, technisch perfekten Hüllen der Schiffe und den dem alten Stil folgenden Innenräumen massiv kritisiert. Der Kunst- kritiker Ugo Ojetti schreibt im März 1930 in der Tageszeitung *Corriere della Sera*: „*Wunderbare Hüllen, perfekte Maschinen: Innenausstattung schlimmer als provinziell.*"[56] Auch Gio Ponti vertritt diese Meinung und realisiert daraufhin für die

Abb. 10 Gio Ponti, Luxuskabine für die IV. Triennale in Monza, 1930

Abb. 11 Gio Ponti, Entwurf „La piccola casa ideale", Schaubild

Abb. 12 Gio Ponti, Entwurf „La piccola casa ideale", Grundriss

52 O. A., Un nuovo albergo, un nuovo stupendo centro turistico italiano, in: Domus, Nr. 121, 1938, S. 10, Zitat s. Anhang, Originale Zitate italienisch, S. 182.

53 Bassetti, Silvano, L'architettura in Sudtirolo. Alla ricerca di un'identità culturale tra conflitto e convivenza, in: Ordine degli Architetti della Provincia di Bolzano, Architettura in Alto Adige – dal 1900 ad oggi, Bozen 1993, S. 11.

54 siehe: Kapitel Hintergründe I Gio Ponti und das temporäre Woh- nen, S. 24.

55 Abram, Zeno, Kurzer Abriss über die Südtiroler Architektur des 20. Jahrhunderts, in: Ordine degli Architetti della Provincia di Bolzano, Architettura in Alto Adige – dal 1900 ad oggi, Bozen 1993, S. 8.

56 Ojetti, Ugo, in: Piccione, Paolo, Gio Ponti. Le navi, Il progetto degli interni navali 1948–1953, Milano 2007, S. 19, Zitat s. Anhang, Originale Zitate italienisch, S. 182.

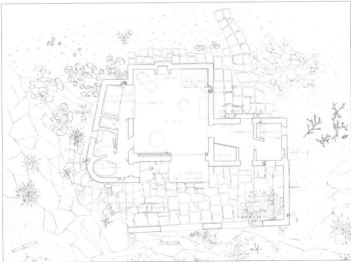

Tourismus im Italien der 1930er I Gio Ponti und das temporäre Wohnen

IV. Triennale in Monza die Einrichtung einer Luxuskabine für einen Überseedampfer (Abb. 10). Die Wände sind mit Wurzelholzpaneelen verkleidet, die Möbel aus demselben Material gefertigt, auf dem Boden wird ein Teppich verlegt und Keramik der Firma *Richard-Ginori*, für die Ponti zu dieser Zeit arbeitet, dient als Dekoration. Stilistisch ist die Möblierung noch klar dem *novecento* zuzuordnen. Die an der Wand und auf dem Teppich sichtbaren Ornamente, das imposante Bett und aufwändig dekorierte Details, wie beispielsweise die Beine der Möbel, sprechen dafür. Bezüglich der Farbgebung gibt es zu diesem Projekt leider keine Beschreibungen. Trotz der Anmerkung, dass es sich um eine Kabine handelt, wirkt es räumlich wie auch funktional eher wie ein Hotelzimmer.[57] Bei diesem Vorhaben handelt es sich um den ersten eigenen Entwurf Pontis für einen Dampfer. Davor hat er im Jahre 1928 in Zusammenarbeit mit Gustavo Pulitzer Finali lediglich die Rückwand der Bar eines Schiffes gestaltet.

1934: Una piccola casa ideale

Dieser Entwurf für ein „ideales Haus" (Abb. 11 und Abb. 12) wird nie realisiert. Das Projekt wird der temporären Architektur zugeordnet, da es sich um ein Wochenendhaus handelt. Der Entwurf weist außerdem große Ähnlichkeit mit dem später entstehenden Hotelentwurf auf der Insel Capri auf.

Das kleine Gebäude wird für einen Platz an der italienischen Riviera geplant, ob es sich dabei um einen spezifischen Bauplatz handelt, ist jedoch nicht bekannt. Über einen Vorhof gelangt man in den kleinen Eingangsbereich, von dem aus die ebenfalls minimal gehaltene Küche, ein Wohnbereich und der Patio, ein von einer Mauer umschlossener Hof, betreten werden. Im Wohnraum befinden sich ein Sofa, das auch als Bett genutzt wird, ein Sessel, ein Tisch und ein Kamin. Eine großzügige Öffnung führt in den Patio. Seitlich schließt ein kleiner Zubau an, in dem ein weiteres Sofa, ein kleiner Schrankraum sowie ein großzügig gestaltetes Bad mit einem abgetrennten WC eingebracht sind. Auch hier befindet sich ein Zugang zum Außenbereich, der durch mehrere Öffnungen gezielte Ausblicke freigibt.

Der Fokus des Projekts liegt auf den Blickbeziehungen zwischen verschiedenen Punkten im Haus, mit der Umgebung und dem Meer. Die bewusst gesetzten Fenster im ansonst innen türenlosen Haus kreieren eine sich mit Tageszeit, Wetter und

57 Piccione, 2007, S. 18 – 20.

Hintergründe

Blickwinkel verändernde Atmosphäre, die durch die intensive Farbgebung in Form von gemusterten Keramikböden und bunten Decken verstärkt werden soll.[58] Die Zeichnungen werden zwar im Jahre 1939 in einer *Domus*-Ausgabe veröffentlicht, wurden aber bereits 1934 gefertigt. Die blau-weiß gestreiften Decken, die bunten Laibungen, vor allem aber die gewählten Farben Rot, Gelb, Blau und Grün stimmen mit dem Farbkonzept des *Hotel Paradiso* überein.

1935 – 1937: Hotel Valmartello al Paradiso del Cevedale

Bei dem Gebäude im Martelltal handelt es sich um den ersten realisierten Entwurf Gio Pontis für ein Hotel. 1942 folgt die auf dem Projekt *Hotel Paradiso* basierende Planung für die Erschließung der Dolomiten mit weiteren Hotels, Restaurants und Seilbahnstationen.

1937 – 1938: Hotels sulla costa Adriatica e del Tirreno

In den Jahren 1937 und 1938 entwirft Ponti gemeinsam mit Guglielmo Ulrich einen Hotelkomplex für das tyrrhenische Meer und einen weiteren für die Adria, wobei Ponti für die Gestaltung der Zimmer zuständig ist.

Die Gebäude sind mit zwei Zimmertypen ausgestattet, jeweils eine Kategorie für einen längeren sowie einen kurzen Aufenthalt. Als Neuerung gilt, dass sich einige Zimmer in den oberen Geschossen über zwei Stockwerke ziehen und eine private Sonnenterrasse besitzen.[59] Der Komplex verfügt neben Restaurants auch über Geschäfte und Sporthallen. Außerdem ist die Verbindung mit einem Casino geplant. Skizzen zeigen eine klar strukturierte Fassade mit großen Balkonen, die mit Vorhängen beschattet werden können.[60]

1938: Progetto per un albergo nel bosco di San Michele

In Zusammenarbeit mit Bernard Rudofsky entwirft Gio Ponti dieses Hotel in Capri, das allerdings nie realisiert wird. Unterschiedliche kleine Bungalows verteilen sich über das bewaldete Gelände an der Küste. Eine Gemeinsamkeit der Bungalows ist ein Patio und ein Kamin. Die Ausstattung ähnelt jener der *piccola casa ideale*, bestehend aus Vorraum, Zimmer mit einer Schlafgelegenheit, Bad und Patio. Die größeren Häuser verfügen zusätzlich über ein Wohnzimmer. Die Raumgliederung erfolgt mithilfe von Stufen. Der Vorraum liegt etwas höher, während das Zimmer eine und der Patio zwei Stufen niedriger

58 Ponti 1939, S. 40 – 46.

59 Gio Ponti Archives, (20.09.2021), URL s. Quellenverzeichnis.

60 Miodini, 2001, S. 180.

als der Vorraum liegen. Gezielt gesetzte Öffnungen ermöglichen gerahmte Ausblicke in die Umgebung. Außerdem tragen die Zimmer Namen wie *Le due stanze delle Sirene* (die zwei Zimmer der Sirenen), *Stanza dei Cavallini* (Zimmer der Pferdchen), *Stanza delle Colombe* (Zimmer der Tauben) und *Stanza della parete nera* (Zimmer mit schwarzer Wand). Ein Restaurant, eine Bar, Aufenthaltsräume sowie die Unterkunft des Hoteldirektors befinden sich im im ebenfalls mit Patios versehenen Haupthaus, das sich in der Nähe der Zufahrt befindet. Im angrenzenden Wald ist außerdem eine Camping-Zone eingezeichnet.

Bezüglich der Farbgebung gibt es bei diesem Projekt nur wenige Anhaltspunkte: in den Plänen zu den Zimmern finden sich keine Angaben dazu, lediglich der Patio des Haupthauses soll laut Beschriftung in *marmi coloratissimi* (sehr buntem Marmor) ausgeführt werden.

Zur Vollendung des ästhetischen Gesamtbildes sollen den Gästen für die Zeit des Aufenthalts ebenfalls von Ponti und Rudofsky entworfene Hüte, Sandalen und Schirme zur Verfügung gestellt werden.[61]

1940: Hotel du Cap: case di vacanza per l'Eden Roc

Der Entwurf für die bekannte Luxusherberge *Hotel du Cap Eden Roc* am Cap d'Antibes im Süden Frankreichs entsteht in Zusammenarbeit mit Bernard Rudofsky und Carlo Pagani, wird aber nicht realisiert.[62]

Zu diesem Projekt steht leider nur wenig Material zur Verfügung, aber schon die wenigen Zeichnungen weisen eine große Ähnlichkeit mit dem Entwurf für die *piccola casa ideale* und somit auch mit dem Hotelprojekt für Capri auf.

Es handelt sich wieder um Bungalows mit Patio, die eng in die umgebende Landschaft eingeplant sind. So wird beispielsweise für den Ast eines Baumes einfach eine Öffnung in der Wand des Patios geschaffen. Der Wohnraum, der zwar auch in den vorhergehenden Entwürfen hoch war, wirkt noch höher und über eine Treppe gelangt man über eine Galerie in ein zusätzliches Zimmer. Der Kamin fehlt als essentieller Teil einer gemütlichen Atmosphäre auch hier nicht.

61 Gio Ponti Archives, (20.09.2021), URL s. Quellenverzeichnis.

62 ibd.

1941–1942: Progetto per una rete funiviaria delle Alte Dolomiti con stazioni, alberghi e rifugi

Zusammen mit dem Ingenieur Francesco Bonfanti erhält Ponti 1941 vom Textilunternehmer Gaetano Marzotto den Auftrag, ein Projekt zur Erschließung der Dolomiten zu erstellen. Von Bozen startend erschließt das Seilbahnnetz touristisch relevante Orte in den Dolomiten, von St. Ulrich über den Sellapass nach Canazei bis nach Cortina d'Ampezzo. Insgesamt entsteht dadurch eine Verbindung mit einer Länge von rund 160 Kilometern, womit es die weltweit größte Seilbahnanlage dieser Zeit wäre. Der Entwurf beinhaltet neben der Erschließungsfunktion ein enormes Infrastrukturkonzept, das Hotels, Schutzhütten, Restaurants, Schi- sowie Kletterschulen und sogar Kirchen einplant. Die Hotels befinden sich an den jeweiligen Umsteigemöglichkeiten von einer Bahn in die nächste, wobei Restaurants in den überdimensionierten Pfeilern der Seilbahn untergebracht werden (Abb. 14).[63]

Die Hotels werden nach einem festgelegten Schema geplant. Dazu legt Ponti schon vorher *principi generali* (allgemeine Prinzipien) fest, die zwischen einem *schema non italiano* (nicht – italienischem Schema) und einem *schema italiano* (italienischem Schema) unterscheiden (Abb. 13). Das *schema non italiano* ist ein Haus mit einem Satteldach und wird ganz klar als die schlechtere Variante gekennzeichnet, da es nicht erweiterbar ist, die Räume nur begrenzt von der Sonne und dem Panorama profitieren und eine zu große Tiefe aufweisen. Die vom Gebäude windgeschützte Terrasse sei zu klein, und zu viel Fläche gehe durch Treppen verloren, die zu den wenigen im Dachgeschoss liegenden Zimmern führt. Das neue *schema italiano* hingegen verfügt über ein Pultdach und ist in allen Punkten überlegen, denn es ist durch eine Verlängerung einfach erweiterbar, durch eine geringere Tiefe und eine längere Front profitieren mehr Räume von der Sonne und der Aussicht, zusammen mit der Hauptfassade wird auch die Terrasse länger und der Platzverbrauch für Treppen beschränkt sich auf ein Minimum. Das *schema italiano* ist allerdings keine Neuerfindung, schließlich wurde es bereits beim *Hotel Paradiso* angewandt, und auch davor gab es bereits Entwürfe von nicht italienischen Architekten, die ähnlichen Prinzipien folgten.[64]

Diesem Schema folgend entwickeln Ponti und Bonfanti vier Hotelprojekte verschiedener Größen mit 22, 32, 44 und 50 Betten, wobei natürlich jedes Projekt die Möglichkeit einer

63 Bocchio, Ivan, Gio Pontis Vision. Die Rationalisierung und „Italianisierung" Südtirols, in: Stacher, Susanne, Christoph, Hölzl, Dreamland Alps. Utopische Projektionen und Projekte in den Alpen, Ausst. Kat. (Archiv für Baukunst der Universität Innsbruck, Innsbruck), Innsbruck 2014, S. 72 – 75.

64 Bolzoni, 2000, S. 24 – 26.

Erweiterung bietet. Während das 22 Betten umfassende Hotel einen quadratischen Grundriss aufweist und sich die Zimmer auch rückseitig anordnen, ist die größere Variante länger und mit einhüftig gesetzten Zimmern gestaltet. Das Hotel mit 50 Betten weist eine konvexe Fassade mit einer vorgesetzten Terrasse auf, die sich über die ganze Länge zieht.[65] Abgesehen von der Länge der Terrasse und der angedeuteten Holzverkleidung der oberen Geschosse handelt es sich bei diesem Entwurf formal um eine etwas kleinere Kopie des *Hotel Paradiso*. Ivan Bocchio äußert in einem Text zu der Ausstellung *Dreamland Alps* die Vermutung, dass Ponti das neue Schema als „revolutionär" und somit „italienisch" bezeichnet, um das faschistische Regime von seinem Entwurf zu überzeugen und gleichzeitig das *Hotel Paradiso* aufzuwerten.[66]

1948: Schwimmbad für das Hotel Royal in San Remo

„Ich hasse rechteckige Schwimmbäder. Sind Seen oder Flüsse rechteckig? Ich will Schwimmbäder für Nymphen. Und in die man von einem Baum springen kann. Und mit einer Bar an der Wasseroberfläche."[67] (Gio Ponti)

Mit Mario Bertolini realisiert Ponti das Schwimmbad des *Hotel Royal* in San Remo. Es ist länglich, beidseitig von Kurven gesäumt und versucht die Form eines natürlichen Gewässers nachzuahmen.[68] Das Schwimmbad ist noch heute erhalten.

1949–1952: Schiffseinrichtungen

1949: *Transatlantico Conte Biancamano*
1949: *Transatlantico Conte Grande*
1950: *Transatlantico Andrea Doria* (Abb. 15),
1951: *Navi Asia e Vittoria*
1951: *Transatlantico Giulio Cesare*
1952: *Nave Africa*
1952: *Nave Oceania*

In diesen Jahren entwirft Gio Ponti, häufig gemeinsam mit Nino Zoncada, einem renommierten Schiffsinnenraumgestalter der Nachkriegszeit, die Innenausstattung für Übersee– und Motorschiffe. Anfang der 50er sind Schiffe die einzig leistbare Möglichkeit, die Ozeane zu überqueren. Außerdem hält Gio Ponti sie für ein gutes Mittel, das Bild der künstlerischen, industriellen und handwerklichen Qualitäten Italiens auch im Ausland zu vermarkten.[69] Bereits gegen Mitte der 50er Jahre erlischt Pontis großes Interesse an den Dampfern, wohl auch,

Abb. 13 Gio Ponti und Francesco Bonfanti, schema non italiano und nuovo schema, 1941–1942

Abb. 14 Gio Ponti und Francesco Bonfanti, Perspektive einer Station mit einem 50-Betten-Hotel, 1941–1942

Abb. 15 Gio Ponti, Zimmer des Passagierschiffs Andrea Doria, 1950

Abb. 16 Gio Ponti und Aldo de Ambrosis, Prototyp eines Hotelzimmers, IX. Triennale von Mailand, 1951

65 Moroder, Joachim, Benno, Peter, Hotelarchitektur. Bauten und Projekte für den Tourismus im alpinen Raum 1920–1940, Innsbruck 1993, S. 135–140.

66 Bocchio, 2014, S. 75.

67 Ponti, Gio, in: Gio Ponti Archives, (20.09.2021), URL s. Quellenverzeichnis, Zitat s. Anhang, Originale Zitate italienisch, S. 182.

68 Gio Ponti Archives, (20.09.2021), URL s. Quellenverzeichnis.

69 Piccione, 2007, S. 9.

RIFUGI ALBERGHI
PRINCIPI GENERALI

CARATTERIZZAZIONE ARCHITETTONICA
UNITÀ STILISTICA
MASSIMA ESPOSIZIONE AL SOLE
MASSIMA PANORAMICITÀ
AMPLIABILITÀ

RISULTATI

SCHEMA NON ITALIANO

ABBANDONO DELLO SCHEMA NON ITALIANO CON
TETTO AGUZZO A DUE FALDE E DEL RIVESTIMENTO
IN LEGNO NATURALE. SCHEMA CHE HA:
1) NESSUNA AMPLIABILITÀ;
2) LIMITATA ESPOSIZIONE AL SOLE E AL PANORAMA;
3) PROFONDITÀ DI STRUTTURE;
4) POCA ESTENSIONE DI TERRAZZE PROTETTE DAL
FABBRICATO CONTRO IL VENTO;
5) GRANDE SVILUPPO DI SCALE PER RAGGIUNGERE
POCHE STANZE NEI PIANI ALTI.

NUOVO SCHEMA

ADOZIONE DEL TETTO AD UNA FALDA E DEL
RIVESTIMENTO DI LEGNO VERNICIATO (COLORE!)
- AMPLIABILITÀ (ALLUNGANDOLO)
- MASSIMA ESPOSIZIONE AL SOLE E PANORAMICITÀ
(CAMERE E SALE)
- LIMITATA PROFONDITÀ DI STRUTTURA
- MASSIMA ESTENSIONE DI TERRAZZE PROTETTE
DAL FABBRICATO CONTRO IL VENTO
- MINIMO SVILUPPO DI SCALE.

weil er sein entwerferisches Können nur bei der Inneneinrichtung anwenden kann und ihm dies zu wenig Spielraum bietet, das perfekte Schiff zu entwerfen. Schließlich erklärt er Zoncada, sich aus diesem Sektor zurückziehen zu wollen, da ihm die Arbeit zu fachgebunden wäre.[70]

Dennoch können in den wenigen Jahren zwei wesentliche Neuerungen auf diesem Gebiet erreicht werden: der großflächige Einsatz von Aluminium für Stützen und Wände und die indirekt beleuchteten Decken, welche die niedrigen Räume der Schiffe leichter wirken lassen.

Ansonsten sind die Innenräume der Schiffe wie auch die von Ponti entworfenen Häuser jener Zeit exzessiv dekoriert, wobei gemusterte Böden mit Wandmalereien, Bildern, verschieden bedruckten Stoffen und Bezügen kombiniert werden.[71]

1951: Prototipo di Stanza d'Albergo per la IX. Triennale di Milano

Um aufzuzeigen wie auch ein kleines Hotelzimmer optimal genutzt werden kann, entwerfen Gio Ponti und Aldo de Ambrosis die Standardeinrichtung eines Stadthotels für die IX. Triennale in Mailand (Abb. 16).

Das Zimmer, das Bad nicht einbezogen, misst vier mal drei Meter. Dabei sind alle notwendigen Möbel, abgesehen vom Schrank, der in die Wand integriert wird, in ein zwei Wänden entlang laufendes Paneel integriert. Über dem Bett lässt sich ein kleiner Tisch ausklappen, der zum Lesen oder dem Essen dient. Neben dem Bett befindet sich eine Leselampe und eine Buchablage. Eine Kommode ist wie auch ein Schreibtisch eingeplant und auf einer Fläche über dem Schreibtisch wird ein Stadtplan zur besseren Orientierung angebracht. Ein Stuhl, ein Sessel und ein kleiner Tisch sind die einzigen beweglichen Möbelstücke. Der Boden wird in Linoleum ausgeführt.[72]

1953: Schwimmbad und Möbel für das Hotel Royal in der Via Partenope in Neapel

„Das Schwimmbad und die umliegenden Terrassen sind mit einer einzigen Zeichnung aus Keramik überzogen, die von den Terrassen ins Wasser läuft und wieder auftaucht."[73] (Lisa Licitra Ponti)

Auch für dieses Hotel entwirft Gio Ponti ein Schwimmbad, dieses Mal auf dem Dach. Auf einem alten Foto ist die

70 Piccione, 2007, S. 32.

71 Gio Ponti Archives, (20.09.2021), URL s. Quellenverzeichnis.

72 ibd.

73 Licitra Ponti, Lisa, in: Gio Ponti Archives, (20.09.2021), URL s. Quellenverzeichnis, Zitat s. Anhang, Originale Zitate italienisch, S. 182.

Hintergründe

Farbgebung noch gut erkennbar – wieder kommen gelb, blau und rot zum Einsatz. Das Schwimmbad ist noch heute erhalten und wird als Entwurf Pontis beworben, allerdings wurden die Farben nachträglich verändert, die wie bei jedem Projekt des Architekten einen elementaren Teil des Konzepts bilden. Laut dem ursprünglichen Entwurf überzieht ein fortlaufendes Muster den Boden, das sich bis auf den Grund des Schwimmbades erstreckt. Außerdem wird für die Zimmer des Hotels ein Möbelentwurf Pontis verwendet, der an jenen der Triennale erinnert.

1960 – 1962: Hotel Parco dei Principi

„Ein Architekt hat Sie dorthin gebracht, an einem Tag, an dem durch den Dunst der Hitze alles blau war: blauer Himmel […], blaues Meer[…], die entfernten Umrisse von Capri, Ischia, Procida[…], Posillipo[…] und des Vesuvs. Der Architekt sagte: weiß und blau soll die Architektur außen sein und weiß und blau im Inneren.“[74] (Gio Ponti)

Parco dei Principi ist das zweite realisierte Hotelprojekt von Gio Ponti. Es wurde in Sorrento am Golf von Neapel errichtet, in einem Park neben der bestehenden *Villa Poggio Siracusa*. Dort wollten die früheren Besitzer, die russische Familie Cortchacow, eine Datsche errichten, die allerdings nie vollendet wurde. Später kauft der neapolitanische Ingenieur Roberto Fernandes das Areal und beauftragt Gio Ponti mit dem Entwurf für ein Hotel. 1962 wird es eröffnet.[75]

Das Gebäude ist außen weiß verputzt, in den Öffnungen und Vorsprüngen wird die bereits kristalline Architektursprache Pontis sichtbar (Abb. 18). Die Böden im Innenbereich sind mit von Ponti entworfenen Majolica-Fliesen belegt. Er entwirft 30 verschiedene Muster, alle blau-weiß, mit dem Ziel, diese verschieden zu kombinieren, sodass schließlich jedes der hundert Zimmer ein einzigartiges Muster erhält. Die Wände des Eingangsbereichs, der Treppenaufgänge und der Aufenthaltsräume werden ebenfalls mit verschiedensten Keramikfliesen, allesamt Sonderanfertigungen für das Hotel, dekoriert (Abb. 17). Die Bettdecken sind blau, ebenso die Betten, die Möbelbezüge und die Türen.

Gio Pontis Streben nach einem Gesamtkunstwerk schließt auch in diesem Projekt alle Bereiche mit ein, in diesem Fall macht er sich sogar über die Gestaltung der Speisen Gedanken und schlägt vor, die im Hotel servierten Spaghetti, passend

[74] Ponti, Gio, Per un albergo a Sorrento, in: Domus, Nr. 415, 1964, S. 31 – 32, Zitat s. Anhang, Originale Zitate italienisch, S. 182.
[75] Parco dei Principi, Sorrento, (20.09.2021), URL s. Quellenverzeichnis.

zum Interieur, blau zu färben.[76] Der Pool gleicht wieder einem See, und ein Weg führt in Serpentinen die Steilküste hinunter ans Meer, wo eine halbmondförmige Mole zum Sonnenbaden geschaffen wird.

Von 1999 bis 2004 wird das Hotel unter der Leitung des Architekten Fabrizio Mautone renoviert, wobei die im Laufe der Zeit eingefügten Wände nach Überprüfung der Originalpläne wieder entfernt, die Möbel restauriert und die schwer beschädigten Fliesen ersetzt werden.[77]

1961–1964: Hotel Parco dei Principi in der Via Mercadante

Dieses Hotel in Rom (Abb. 19) entsteht aus einer Zusammenarbeit mit Emanuele Ponzio. Auch bei diesem Gebäude arbeiten die Architekten sowohl innen als auch außen mit blauen Fliesen. Stilistisch erinnert das Bauwerk auf einigen alten Fotos an das gleichnamige Hotel in Sorrento[78] (Abb. 18). Auch dieses Gebäude wird später umgebaut, allerdings nicht den Ideen Pontis, sondern mehr der Pracht und dem Reichtum der Patriziervillen des römischen Adels des späten 17. Jahrhunderts folgend.[79] So werden die Fassaden mit roten Markisen versetzt und das Gebäude aufgestockt. Die Innenräume werden mit historisch anmutenden Möbeln ausgestattet, während Böden und Fliesen sowie sämtliche Möbel entfernt werden. Von der Handschrift Gio Pontis ist heute nicht mehr viel zu erkennen.

1962: Pakistan House Hotel

Zu diesem Gebäude in Islamabad sind weniger Unterlagen auffindbar, abgesehen von einigen Fotografien, die auf der Homepage des Archivs von Gio Ponti veröffentlicht sind. Es handelt sich um einen schmalen, langgestreckten Baukörper. Die in regelmäßigen Abständen gesetzten, abgerundeten Öffnungen sind mittig mit einem mit Ornamenten versetzten Streifen versehen (Abb. 20). Auf Bildern des Innenraums sind auch hier Fliesen an den Wänden erkennbar – allerdings kann deren Farbe anhand der Schwarzweißfotos nicht definiert werden. Über den heutigen Zustand des Gebäudes können aufgrund fehlender Informationen keine Aussagen gemacht werden.

Abb. 17 Gio Ponti, Hotel Parco dei Principi, Halle und Rezeption, Sorrento, 1962

Abb. 18 Gio Ponti, Hotel Parco dei Principi, 1962

Abb. 19 Gio Ponti und Emanuele Ponzio, Hotel Parco dei Principi, Rom, 1964

Abb. 20 Gio Ponti, Pakistan House Hotel, Islamabad, 1962

76 Ponti, 1964, S. 29–36.

77 Vecchione, Fabrizia, 50 anni di Gio Ponti a Sorrento, (20.09.2021), URL s. Anhang.

78 Gio Ponti Archives, (20.09.2021), URL s. Quellenverzeichnis.

79 Parco dei Principi, Sorrento, (20.09.2021), URL s. Quellenverzeichnis.

Zusammenfassend kann kein Hotel Gio Pontis, wie auch alle anderen aus seiner Feder stammenden Entwürfe, ohne die Möblierung betrachtet werden. Ein Haus sollte für Ponti mehr als eine Hülle zum Wohnen sein und ein Hotel muss mehr sein als eine Anhäufung von zeitweise vermieteten Schlafzimmern. Parallel zum Entwurf eines jeden Raumes werden die passenden Möbel und selbstverständlich auch die Farben von Ponti konzipiert. So werden Möbel häufig speziell für ein Gebäude entworfen – wie bei den Beispielen *Hotel Paradiso* und *Hotel Parco dei Principi* gezeigt wird – und mit ausgewählten Designerstücken kombiniert. Nicht selten sind auch die Materialien Sonderanfertigungen wie beispielsweise die Fliesen des *Parco dei Principi*.

Neben Konstruktion, Möbeln und Materialien spielen auch Farben eine elementare Rolle in den Projekten Gio Pontis. Kein Zimmer, und sei es ein Nebenraum, wird ohne Farben gedacht. Wie die realisierten Projekte deutlich zeigen, legt der Architekt bei den Hotels besonderen Wert darauf, jedes Zimmer durch Farben und Muster individuell zu gestalten. Im Laufe der Jahre ist die Tendenz in Pontis Arbeiten zu erkennen, dass von den anfangs häufig einheitlichen Farben abgewichen und mit verschiedenfarbigen Mustern gearbeitet wird. So werden im Hotel *Parco dei Principi* zwar nur die Farben blau und weiß in verschiedenen Schattierungen eingesetzt, während beim Schwimmbad des *Hotel Royal* ein großflächiges Muster verwendet wird, das sich durch das ganze Schwimmbad zieht. Dieser Ansatz zeigt sich schon beim Entwurf der *piccola casa ideale*. Hier äußert Ponti die Idee, dass die Fliesen nach einem Bild von de Chirico verlegt werden könnten. Dieses Vorhaben wird jedoch nicht realisiert.

Eine Ausnahme bilden die Schiffseinrichtungen. In den Schlafzimmern wie auch in den anderen Räumen zeigen sich weniger Muster, dafür vermehrt Bilder von sagenhaften Figuren, die jenen ähneln, die Ponti bereits auf die Keramiken von Richard-Ginori zeichnete.

Im Zusammenhang mit der Idee, jedem Zimmer eine individuelle Note zu geben, erscheint der Entwurf eines Standard Hotelzimmers, wie beim Triennale-Entwurf, widersprüchlich. Dass Ponti auch hier Ideen hatte, die Zimmer trotz einheitlicher Möblierung zu variieren, ist durchaus denkbar.

Kennzeichnend für die Entwürfe Pontis ist sein tiefes, bis ins kleinste Detail reichendes Verständnis für Ästhetik, ohne

Hintergründe

dabei die Funktionalität außer Acht zu lassen. Die Schränke des *Hotel Paradiso* werden beispielsweise so konzipiert, dass auch die Bergschuhe und der Wanderhut ihren Platz finden, und in den Stockbetten wird eine kleine Ablage für persönliche Dinge eingeplant.

Die äußere Form der Gebäude nähert sich auch bei Pontis Hotels mit der Zeit der *forma finita* an. Der Gedanke dazu wird in den 50ern erstmals geäußert. Verweist Ponti bei dem Entwurf zur Erschließung der Dolomiten noch auf die Erweiterbarkeit, nähert er sich nun dem Gedanken, dass ein Gebäude in Gestalt und Proportion so bleiben soll, wie der Architekt es entworfen hat. Gio Ponti äußert sich in seinem Buch *Amate l'architettura. L'architettura è un cristallo* zu diesem Thema: „[…]eine Konstruktion, die aus der horizontalen und vertikalen Wiederholung gleicher Elemente besteht, die keine eigene architektonische Dimension hat, die in ihrer Komposition keine vollendete Form hat, die nur aus Rhythmus besteht, wiederholt, wiederholbar, durch Ergänzungen erweiterbar ist, gehört nicht zur Architektur, die sich als Kunstwerk versteht."[80]

Vom Bau des *Hotel Paradiso* bis zum nächsten in seiner Gesamtheit realisierten Hotelprojekt, dem *Parco dei Principi*, vergehen knapp 20 Jahre. In diesem Zeitraum wird der Wandel zur *forma finita*, die im Ansatz bereits in den Schwimmbadentwürfen mit ihren fließenden Formen ablesbar ist, deutlich.

80 Ponti, Gio, Amate l'architettura. L'architettura è un cristallo, Genua 1957, S. 57, Zitat s. Anhang, Originale Zitate italienisch, S. 182.

Hotel Valmartello al Paradiso del Cevedale Geschichte eines Kunstwerks

Das Martelltal

Das Martelltal ist ein 143,8 km² großes[81] Seitental des Vinschgau in Südtirol, das auf Höhe der Ortschaft Morter – eine Fraktion der Gemeinde Latsch – in südwestlicher Richtung vom Haupttal abzweigt. Es erstreckt sich über eine Länge von etwa 24 Kilometern[82] und bewegt sich dabei von einer Höhe von 800 mü. A. bei der Taleinfahrt bis hin zu 3757 mü. A. im Gletschergebiet der Ortlergruppe am Talende. Das gesamte Tal ist Teil des Nationalparks Stilfserjoch und hat 834 Einwohner[83].

Der Eingang zeigt sich schmal, und die Talsohle steigt bis zum Ortsteil Salt stark an, wo sich das Tal öffnet und einen ersten Blick auf die Gemeinde bietet. Es handelt sich um ein stark zersiedeltes Gebiet, wobei die höchste Gebäudedichte in den Orten Ennewasser, Gand und Meiern zu finden ist. Schon kurz nach Gand werden die Hänge wieder steiler, das Tal enger und die Bebauung beschränkt sich auf vereinzelte Höfe. Auf einer Höhe von 1700 mü. A. verbreitert sich die Talsohle wieder und es öffnet sich ein breites Almgebiet. Hier befindet sich heute das *Biathlon Zentrum Martell* mit einem ausgedehnten Loipennetz. Am Ende dieser Ebene windet sich die Straße in Kehren bergauf, rechts vorbei an der Stauseemauer, deren Bau 1949 begonnen wurde.[84] Oben angekommen, auf einer Höhe von 1850 mü. A., breitet sich der Zufrittsee über eine Länge von etwa 2000 Metern. aus. 1956 wurde das Wasser eingelassen, wodurch zwei Almgebiete und ein Gasthaus unter den Wassermassen verschwanden. Vorbei am See schlängelt sich der Weg einige Kilometer einen Bach, der Plima, entlang und endet nach den letzten steilen Serpentinen auf einem Parkplatz zwischen zwei Gastbetrieben. Die zahlreichen Wandermöglichkeiten machen das Gebiet im Sommer wie im Winter zu einem beliebten Ziel für Tagesgäste.[85] Von hier aus kann man das *Hotel Paradiso* immer wieder zwischen den Baumwipfeln erahnen, bis es schließlich am Ende des Weges in seiner vollen Größe und markanten Form erscheint.

81 Gemeinde Martell, (20.09.2021), URL s. Quellenverzeichnis.

82 Tirol Atlas, Martell, Universität Innsbruck, (20.09.2021), URL s. Quellenverzeichnis

83 Gemeinde Martell, (Stand: 31.12.2020), (20.09.2021), URL s. Quellenverzeichnis.

84 Virtuelles Technikermuseum, Kuratorium für Technische Kulturgüter, (20.09.2021), URL s. Anhang

85 Tirol Atlas, Kulturlandschaftswandel in Südtirol, Universität Innsbruck, (20.09.2021), URL s. Anhang.

Tourismusgeschichte Martell

Die Anfänge

„Hinter dem Dorfe Morters [...] thut sich die enge Schlucht des Thales auf in grauenvollen Bildern einer rauhen steilabschüssigen Alpennatur [...]."[86] (Beda Weber)

Das Bild, das der Schriftsteller und Theologe Beda Weber im Jahre 1838 durch diese Beschreibung in seinem Buch *Das Land Tirol* von Martell zeichnet, ändert sich in den darauf folgenden Jahren grundsätzlich. Die Alpen verwandeln sich von dem angsteinflößenden Gebiet, das einzig als Durchzugsort dient und möglichst schnell überquert werden will über die Jahre zu einer touristischen Destination. Zu Beginn entwickelt sich vor allem der Kurtourismus, dessen Ziel es ist, den Gästen einen Aufenthalt in der gesunden Bergluft sowie den Genuss kulturellen Lebens in luxuriös ausgestatteten Hotels zu bieten. Die Berge, die in sicherer Entfernung bleiben, bilden lediglich die Kulisse.[87] In diesem Sinn erlebt Meran schon um 1900 eine touristische Blütezeit, während sich das Ortlergebiet in dieser Hinsicht erst in den Anfängen befindet.

Mitte des 19. Jahrhunderts werden die Dreitausender im Ortlergebiet mit aufkommenden Interesse am Bergsport zunehmend zu einer beliebten Destination, anfangs nur für Pioniere, doch mit der Zeit wird der Sport gesellschaftstauglich und Ende der 1860er beginnen auch Einheimische, Freude am Bergsport zu zeigen.[88] Das aufkommende Interesse zeigt sich auch im Bau von Schutzhütten, die im Ortlergebiet gegen Ende des 19. Jahrhunderts, in den meisten Fällen vom DÖAV *(Deutsch-Österreichischer Alpenverein)*, errichtet werden.[89] Theodor Christomannos, ein begeisterter Bergsteiger und Pionier des alpinen Tourismus in Südtirol, sieht schon 1880 das vorhandene Potential und will im Martelltal ein großes Hotel für den Bergtourismus bauen – was die Einwohner jedoch verweigern.[90] Zu diesem Zeitpunkt ist das Martelltal noch weitgehend vom Tourismus abgeschnitten, wofür auch die schlechte Verkehrsanbindung verantwortlich ist.

Der aufkeimende Tourismus erlebt mit Ausbruch des Ersten Weltkrieges einen Rückschlag, da die Front direkt durch das Ortlergebirge verläuft und Schutzhütten nun teilweise militärische Funktionen übernehmen. In der *Zufallhütte* wird beispielsweise das Österreichische Abschnitts-Kommando der Cevedale-Front stationiert.[91]

86 Weber, Beda, Das Land Tirol. Mit einem Anhange: Vorarlberg. Handbuch für Reisende. 3. Band. Nebenthäler. Vorarlberg, Innsbruck 1838, S. 187.

87 Rucki, Isabelle, Das Hotel in den Alpen. Die Geschichte der Oberengadiner Hotelarchitektur von 1860 – 1914, Zürich 1989, S. 35.

88 Sehmisch, Gerhard, Die Fremdenverkehrsentwicklung im Sulden-, Trafoi- und Martelltal, Innsbruck 1975, S. 20.

89 Laner, Josef, Historische Zufall-Hütte nachgebaut, in: Der Vinschger, Nr. 16, (09.08.2006), (20.09.2021), URL s. Anhang.

90 Sehmisch, 1975, S. 26.

91 Laner, Josef, Historische Zufall-Hütte nachgebaut, in: Der Vinschger, Nr. 16, (09.08.2006), (20.09.2021), URL s. Anhang.

Der Aufschwung in den 1930ern

Abb. 21 Rifugio Borromeo, 1930er

Nach Kriegsende, mit dem Vertrag von St. Germain im Jahre 1919, fällt Südtirol an den italienischen Staat und alle vom DÖAV in Südtirol errichteten Schutzhütten gehen an den CAI *(Club Alpino Italiano)*. Ausländische Touristen reisen nun wegen Pass- und Devisenschwierigkeiten lieber nach Österreich und in die Schweiz. Erst in den Dreißigerjahren, während sich die ebenfalls im Ortlergebiet liegenden Orte Sulden und Trafoi auf den Sommertourismus spezialisieren[92], wird das Martelltal schließlich als Schigebiet rund um den Cevedale entdeckt. Die Infrastruktur ist im Ersten Weltkrieg zur Versorgung der Truppen verbessert worden und die *Zufallhütte*, deren offizieller Name nun *Rifugio Dux* lautet[93], kann 1929 von der Mailänder Sektion des CAI wieder eröffnet werden. Die Erschließung des Ortlergebietes für den Wintersport bewirkt gemeinsam mit der Tausend-Mark-Sperre Deutschlands[94] gegen Österreich von 1933 bis 1936 einen plötzlichen Tourismusaufschwung für das Gebiet.[95] So schwärmt beispielsweise Lois Köll 1933 in einem Aufsatz in den Mitteilungen des DÖAV von der Vielzahl möglicher Schitouren aller Schwierigkeitsgrade im Martelltal, vor allem rund um den Cevedale.

Er weist darauf hin, dass die gesamten Ostalpen für den Schifahrer bereits beschrieben wären – mit Ausnahme einer der höchsten Gruppen – der Ortlergruppe. Zusammen mit dem Marteller Bergführer Lois Spechtenhauser beschreibt er alle im Tal möglichen Schitouren: *„Und fragt mich wer um das Gesamturteil über das Marteller Schigebiet, so kann ich ihm aufgrund meiner vielfachen und ziemlich weitgreifenden Erfahrungen sowie gestützt auf die Aussprüche gewiegter Alpinisten sagen: Es befriedigt bergsteigerisch und schilauftechnisch restlos; denn vom Übungshang vor der Hütte bis zum Eisgang auf die Königspitze ist technisch alles da, kurz und lang, leicht und schwierig. Es ist hochalpin, turenreich (sic!), vor allem aber landschaftlich das schönste Schigebiet in den gesamten Ostalpen.“*[96]

Zu diesem Zeitpunkt – im Jahr 1933 – sind folgende Unterkunftsmöglichkeiten im Tal vorhanden: Zwei Gasthäuser in Morter, darunter das *Albergo Aquila Nera* (Hotel Schwarzer Adler), zwei Badegasthäuser in Alt- und Neusalt, das *Gasthaus Stieger* in Meiern, die Gasthäuser *Martellerhof* und *Stockerhof* in Gand, das *Rifugio Giovaretto (Zufritthütte)* mit 22 Betten und 50 Notlagerplätzen, die *Casatihütte* mit 80 Lagerplätzen

---

92 Sehmisch, 1975, S. 29.

93 Mit der Machtübernahme der faschistischen Partei wurden Südtiroler Namen im Zuge der Italianisierung übersetzt.

94 Wirtschaftssanktion Deutschlands gegen Österreich – bei der Einreise nach Österreich mussten deutsche Bürger eine Gebühr von 1000 Mark bezahlen.

95 Köll, Lois, Marteller Briefe, in: Der Schlern, Jg. 30, 1956, S. 208–215.

96 Köll, Lois, Als Schiläufer im Martell, in: Mitteilungen des Deutschen und Österreichischen Alpenvereins, Jg. 1933, Nr. 3, 1933, S. 61.

Tourismusgeschichte Martell

und das *Rifugio Dux* (Zufallhütte) mit 45 Schlafplätzen, die als idealer Ausgangspunkt für Schitouren gilt.[97]

In den folgenden Jahren eröffnen aufgrund der steigenden Nachfrage weitere Gasthäuser, wie das *Rifugio S. Maria* (Gasthaus Waldheim) und das zum *Hotel Paradiso* gehörende *Rifugio Borromeo* (Borromeohütte) (Abb. 21).[98] In der wenige Kilometer von Morter entfernten Ortschaft Goldrain befindet sich eine Zughaltestelle der Strecke Meran – Mals, von der aus der Wirt des *Albergo Aquila Nera*, Fulgenz Hafele, dem gleichzeitig auch das *Rifugio Dux* gehört, einen Zubringerdienst ins Tal bedient. Die Straße reicht 1933 bis zum *Rifugio Giovaretto* – der Weg zum *Rifugio Dux* muss in einem zweistündigen Fußmarsch zurückgelegt werden.[99]

Das Hotel Paradiso

Aufgrund der steigenden Tourismuszahlen im Martelltal wird mit Unterstützung der Partei und des Ministeriums für Tourismus[100] am 30. März 1935 in Meran die *Società a garanzia limitata Val Martello* (GesmbH Martelltal) von neun Teilhabern und mit einem Kapital von 150.000 Lire gegründet. Der Verwalter und Hauptaktionär ist Emilio Penati. Ziel der Gesellschaft ist die Ankurbelung des Tourismus- und Hotelgewerbes im Martelltal.[101]

Penati fungiert ebenfalls als Direktor des *Hotel Paradiso*. Unter seiner Aufsicht wird auch der Straßenbau vorangetrieben. In einem Brief an seine Tochter Anita, datiert auf den 16.06.1935, schreibt er, dass unter seiner Leitung am 10. Juni mit der Fortsetzung des Straßenbaus begonnen worden sei und rund 107 Arbeiter daran beteiligt seien, um die restlichen drei Kilometer noch vor Wintereinbruch soweit wie möglich voran zu bringen. Er erwähnt außerdem, dass bereits am 15.06.1935 ein Lokalaugenschein mit einem Architekten und drei Ingenieuren stattgefunden habe.[102] Datierte Skizzen Gio Pontis belegen, dass der Entwurf zum Hotel zu diesem Zeitpunkt im Büro *Ponti-Fornaroli-Soncini* schon in vollem Gang ist. Mit ziemlicher Sicherheit dürfte es sich bei besagtem Architekten um Gio Ponti oder einen seiner Mitarbeiter handeln, da wenige Tage nach dem oben genannten Termin eine letzte, aber dennoch wesentliche Änderung des Entwurfs stattfindet.[103]

Im Sommer 1936, in dem sich das Hotel bereits im Bau befindet, dringt man mit dem Straßenbau bis zum *Rifugio Borromeo* vor[104], wo sich ein neu errichtetes kleines

97 Grieben Reiseführer [Hrsg.], Meran (Merano) und Umgebung mit Angaben für Autofahrer, Berlin 1937, S. 84.

98 Ente Provinciale per il Turismo Bolzano [Hrsg.], Guida invernale dell'Alto Adige, Bozen o. J., S. 67.

99 Köll, 1933, S. 61 – 64.

100 Spinelli, Luigi, Sport Hotel, in: Domus, Nr. 964, 2012, S. 142 – 144.

101 Landesbibliothek Dr. Friedrich Teßmann, Foglio Annunzi Legali della Provincia di Bolzano (24.07.1935), in: Foglio Annunzi Legali Prefettura Bolzano, S.62, (27.09.2021), URL s. Anhang.

102 Penati, Emilio, Brief an Anita Penati, Meran 16.06.1935, in: Tartarotti, Carmen, Paradiso del Cevedale, 1993, VHS, TC: 00.09.32 – 00.10.33/ 00.14.30 – 00.14.52, Deutschland, Carmen Tartarotti Filmproduktion.

103 siehe: Kapitel Hotel Valmartello al Paradiso del Cevedale – Geschichte eines Kunstwerks I Der Entwurfsprozess S. 48.

104 O.A., Aus der Valle Venosta, in: Alpenzeitung, Jg.11, Nr. 166, 1936, S. 8.

Wasserkraftwerk zur Versorgung des Hotels befindet.[105] Das wiederum bedeutet, dass der Materialtransport, oder wenigstens große Teile davon, zeitlich vor der Fertigstellung der Straße stattgefunden haben muss. Allein die Errichtung der Straße und der notwendigen Einrichtungen für das Hotel erfordern einen großen Aufwand und damit verbundene hohe Ausgaben. Betrachtet man die Mühen eines Materialtransports über kaum befahrbare, unbefestigte Wege und die sicherlich schwierigen Baubedingungen für ein Hotel dieser Größen-ordnung auf einem Gebiet, das teilweise bis weit in den April hinein schneebedeckt ist, dürfte der Bau ohne die Förderung der Partei und des Tourismusministeriums kaum möglich gewesen sein.

Die ausführende Baufirma ist SICEA mit Sitz in Meran, deren Inhaber Piero Richard auch im Besitz von Anteilen an der *Società a garanzia limitata Val Martello* und Vorsitzender des Tourismusverbandes ist.[106]

Dass die Pläne für das gesamte Ortlergebiet ursprünglich größere waren, was den Aufwand des Hotelbaus begründen würde, belegt eine Sitzung der *Kommission für Verkehrsver-bindungen*, ebenfalls im Sommer 1936, bei der bereits ein Projekt für eine Drahtseilbahn zwischen dem hinteren Martell-tal und Sulden über den *Madricciopass* (heute *Madritschpass*) besprochen, aber nie realisiert wird.[107]

Die Marteller Bewohner sind mit dem Hotelbau übrigens nicht einverstanden, denn für sie geht einerseits wertvoller Weidegrund verloren, andererseits bietet sich ihnen auch keine Arbeitsmöglichkeit, da in den Hotels vorwiegend höher quali-fiziertes Personal gesucht wird.[108]

Am Sonntag, den 28.02.1937, wird das Hotel mit dem klingenden Namen *Albergo Sportivo Valmartello al Paradiso del Cevedale* eröffnet. Am 06.03.1937 erscheint ein Artikel in der Tageszeitung *Dolomiten*, in dem das Hotel folgenderma-ßen beschrieben wird: „*Im wildprächtigen Martelltal, das in letzter Zeit immer mehr dem Verkehr und dem Schisport er-schlossen wurde, war am letzten Sonntag die feierliche Eröffnung des neuerbauten Hotels „Valmartello". Das Hotel, ein schmucker Bau mit schrägem Dach, erhebt sich in 2160 Meter Höhe und verfügt über 200 Betten.*"[109]

Die Erwartungen werden entsprechend hoch angesetzt, wie in der *Alpenzeitung* vom 11.03.1937 zu lesen ist: „*Die Eröff-nung des neuen Hotels in Hintermartello wird für den ganzen*

105 O.A., Rund um das neue Post-amt Ganda in Val Martello, in: Alpen-zeitung, Jg. 11, Nr. 18, 1936, S. 6.

106 Tartarotti, Carmen, Paradiso del Cevedale, 1993, VHS, Deutschland, Carmen Tartarotti Filmproduktion, TC: 00.11.30 – 00.12.47.

107 O.A., Die Tätigkeit der Provinzi-alkörperschaft für Fremdenverkehr, in: Alpenzeitung, Jg. 11, Nr. 156, 1936, S. 5.

108 Tartarotti, 1993, TC: 00.17.43 – 00.18.30.

109 O.A., Gute Saison im Vinschgau, in: Dolomiten, Jg. 14, Nr. 28, 1937, S. 6.

Touristen- und Fremdenverkehr des Tales von ausschlaggeben-
der Bedeutung sein."[110]

In den folgenden Jahren scheint das Hotel regelmäßig in den Medien auf, die Verkehrsanbindung sowie die hervorragenden Betriebe des Tals werden gelobt, außerdem werden Neuerungen angepriesen. Dabei werden weder Kosten noch Mühen gescheut, um Touristen anzulocken, wie die Eröffnung eines Telegraphenamtes im Hotel[111], die Errichtung einer Schlittenbahn vom Madritschpass zum *Hotel Paradiso*[112], die Möglichkeit zum Schlittschuhlaufen auf dem künstlich angelegten See vor dem Hotel[113], Anpreisungen des Zubringerdienstes von Goldrain bis zum Hotel sowie lobende Erwähnungen der Person Emilio Penati zeigen.

Zu den realen Besucherzahlen jener Zeit im Martelltal konnten nur wenige, teilweise widersprüchliche Informationen gefunden werden. Einerseits wird das Tal in den Ausgaben der *Alpenzeitung* in diesen Jahren häufig lobend erwähnt, vor allem in Bezug auf dessen Schönheit, die vielen sportlichen Möglichkeiten, die gute Verkehrsanbindung und die steigenden Ankünfte, wobei es sich hierbei um eine faschistische Tageszeitung handelt und in Frage gestellt werden kann, inwiefern die Informationen objektiv wiedergegeben werden oder es sich beim Inhalt um instrumentalisierte Propaganda handelt. Andererseits schreibt Lois Köll, der das Tal zu seinen touristischen Anfängen hoch gelobt hat, von keiner befriedigenden Saison des von „voreiligen Italienern" erbauten Hotels vor dem Kriegsausbruch.[114] Hildegard Hafele, die damalige Pächterin des *Rifugio Dux* erzählt auch, wegen des Hotels Gäste verloren zu haben.[115]

Das Hotel im Nationalsozialismus

Im nächsten Schritt in der, für die kurze Zeit durchaus bewegten Geschichte wird das Hotel zum Schauplatz von Aktivitäten des NS-Regimes, wobei sich die Aussagen zum genauen Ablauf unterscheiden. Lois Köll schreibt, dass es im Jahr 1943 durch die deutsche SS – genauer, die *Division Brandenburg* – besetzt wird und Hochgebirgskurse für Soldaten abgehalten werden.[116] Hildegard Hafele erzählt im Film *Paradiso del Cevedale*, dass Otto Skorzeny nach der Befreiung Mussolinis beim *Unternehmen Eiche*[117] im Jahre 1943 zusammen mit seiner Familie mit einem Urlaub im Hotel belohnt worden sei.[118] Im selben Film erzählt ein ehemaliger im Hotel stationierter Soldat,

110 O. A., Die Eröffnung des Hotels „Val Martello", in: Alpenzeitung, Jg. 12, Nr. 60, 1937, S. 4.

111 O. A., Telegraphendienst im Albergo „Val Martello", in: Alpenzeitung, Jg. 14, Nr. 274, 1939, S. 2.

112 O. A., Für Wintersportfreunde, in: Alpenzeitung, Jg. 14, Nr. 304, 1939, S. 2.

113 O. A., Das Paradies des Cevedale, in: Alpenzeitung, Jg. 16, Nr. 19, 1941, S. 4.

114 Köll, 1956, S.214.

115 Tartarotti, 1993, TC: 00.09.10 – 00.09.30.

116 Köll, 1956, S. 208 – 215.

117 Aktion zur Befreiung des gestürzten Benito Mussolini durch die SS. Otto Skorzeny übernimmt bei dieser Aktion eine führende Rolle.

118 Tartarotti, 1993, TC: 00.36.32 – 00.37.15.

Skorzeny unterstellt gewesen zu sein, allerdings ohne diesen je zu Gesicht bekommen zu haben.[119] Laut einem amerikanischen Bericht wiederum erwirbt 1944 der an der *Operation Bernhard*[120] beteiligte Friedrich Schwend die Mehrheit der Aktien des Hotels, woraufhin Penati von der Meraner Gestapo verhaftet wird. Von da an übernimmt ein Vertrauter Schwends die Leitung des Hotels. Zwar werden im Herbst 1944 Soldaten der Division Brandenburg einquartiert, da Schwend jedoch bereits überzeugt davon ist, dass Deutschland den Krieg nicht mehr gewinnen kann, nutzt er seine Position, um gefälschtes Geld und Wertgegenstände in die Schweiz zu schleusen, wobei die Soldaten als Tarnung dienen. In diesem Zusammenhang sind auf dem Weg von Meran bis zum Reschen mehrere Verstecke bekannt. Unter anderem wird auch ein geheimes Versteck im Martelltal genannt, wofür die Vermutung besteht, dass es sich dabei um das *Hotel Paradiso* handeln könnte.[121]

Mit Ende des Krieges wird der Hotelbetrieb kurz wieder aufgenommen. So erzählt Laura Ferraguti, Tochter einer Mailänder Teilhaberin, dass sie sowohl im Jahr 1945, als auch 1946 noch einmal im Hotel war, bevor es 1946 Konkurs anmelden und geschlossen werden musste.[122] Von diesem Zeitpunkt an wird der Betrieb nicht mehr aufgenommen.

Unverwirklichte Pläne

1952 wird das Hotel schließlich vom venezianischen Reedereibesitzer Arnaldo Bennati[123] gekauft und im Anschluss erweitert. Das Ergebnis der durch den neuen Besitzer vorgenommenen Veränderungen ist die Erscheinung des Gebäudes, in der sich das Hotel noch heute inmitten der Lärchen stehend, jedoch sichtlich gealtert, zeigt. Das Hotel wird zu dieser Zeit um ein Geschoss aufgestockt, gegen Osten um einen von der Sudfassade etwas zurückgesetzten Flügel erweitert und nördlich mit einem neuen Garagentrakt versehen, sodass die drei Körper eine Hofsituation bilden. Aus ungeklärten Gründen werden die Bauarbeiten nie vollendet. Noch heute ist in den Räumen teilweise Bauschutt sichtbar und der gesamte Zubau wird lediglich außen verputzt. Bennati ist es auch, der die neue Fassadenfarbe in *rosso veneziano*, einem dunklen Rotton, wählt. Er ist auch Inhaber des seinerzeit durchaus bekannten Meraner Luxushotels *Bristol*, das 2006 abgerissen wurde sowie des Hotels *Bauer-Grünwald* in Venedig. Sein Plan, die *Hotels Paradiso* und *Bristol* mit einem Hubschrauberdienst zu

119 Tartarotti, 1993, TC: 00.38.08 – 00.38.20.

120 Geldfälschungsaktion des Deutschen Reiches mit dem Ziel, Großbritannien mit gefälschten Pfundnoten wirtschaftlich zu destabilisieren.

121 Trafojer, Philipp, Das Paradies der Schieber, in: Der Vinschger, Nr. 15, (01.08.2002), (20.09.2021), URL s. Quellenverzeichnis.

122 Tartarotti, 1993, TC: 00.46.38 – 00.47.15.

123 Denti, Toscani, 2011, S. 3.

vernetzen, erhält aber keine Genehmigung und seiner Forderung nach einer Verbesserung der Marteller Straße wird ebenfalls nicht nachgekommen.[124]

1966 wird das Hotel von Alois Fuchs, dem Inhaber einer Brauerei, gekauft. Dieser habe, laut Aussagen seiner Frau, zu diesem Zeitpunkt bereits ein Projekt für das Hotel, mache die Realisierung aber wiederum von einer Verbesserung der Straße sowie der Errichtung einer neuen Brücke seitens des Landes abhängig.[125] Außerdem wird 1974 in Hintermartell eine Schipiste genehmigt, allerdings ohne dazugehörigen Lift. Auch dies verhindert weitere Investitionen.[126] Das Gebäude befindet sich bis heute im Besitz der Familie Fuchs und verfällt zunehmend.

Situation heute

Im Tourismusjahr 2019/2020 verfügt das Tal über 36 Herbergsbetriebe zu denen Hotels, Appartements, Urlaub auf dem Bauernhof, Privatquartiere und Schutzhütten zählen. Die Bettenzahl beträgt insgesamt 695. Im Jahr 2019 werden etwas mehr als 67700 Übernachtungen gezählt, wobei durch 48100 Nächtigungen im Sommer (Mai – Oktober) eine höhere Auslastung erreicht wird. Trotzdem handelt es sich um einen vergleichsweise niedrigen Wert, wenn man bedenkt, dass allein das gesamte Gebiet Vinschgau jährlich etwa 2 Millionen Nächtigungen zählt.[127]

Der Entwurfsprozess

Im Archiv CSAC *(Centro Studi e Archivio della Comunicazione)* der Universität Parma werden über 200 Skizzen, Zeichnungen, Pläne, Drucke und Fotos zum Projekt *Albergo in Val Martello* (Hotel im Martelltal) verwahrt. Viele der Unterlagen sind mit handschriftlichen Notizen versehen und bieten einen interessanten Einblick in den Entwurfsprozess und die Absichten des Architekten zu einzelnen Aspekten des Hotels. Das Spektrum der Skizzen reicht von Außendarstellungen über Grundrisse, Ideen zur Zimmereinrichtung inklusive detaillierter Möbelzeichnungen bis hin zu den Fensterklinken und eröffnet in Ansätzen die Gedankengänge Pontis beim Entwurf dieses Gesamtkunstwerks.

Die Unterlagen sind nur teilweise datiert. Dementsprechend wurden sie mit Hilfe der Randnotizen geordnet und in einzelne Entwurfsschritte unterteilt. Die erste Datierung reicht auf den 08.05.1935 zurück, befindet sich aber auf einer

Abb. 22 Hotel Paradiso im Sommer, 1937

Abb. 23 Hotel Paradiso kurz nach der Erweiterung, 1952

Abb. 24 Hotel Paradiso, 2014

Abb. 25 Grafik zu den Entwurfsschritten des Hotel Paradiso

124 Rösch, Paul, Der zweite Frühling einer alten Dame. Fragmente der Tourismusentwicklung Merans, in: Athesia–Tappeiner Verlag [Hrsg.], Perspektiven der Zukunft. Meran 1945 – 1965, Ausst. Kat. (Kunst Meran, Meran), Meran 2012, o. S.

125 Tartarotti, 1993, TC: 00.57.10 – 00.58.15; 01.02.20 – 01.02.37.

126 Sehmisch, 1975, S. 129.

127 Landesinstitut für Statistik ASTAT, Autonome Provinz Bozen – Südtirol, (20.09.2021), URL s. Quellenverzeichnis.

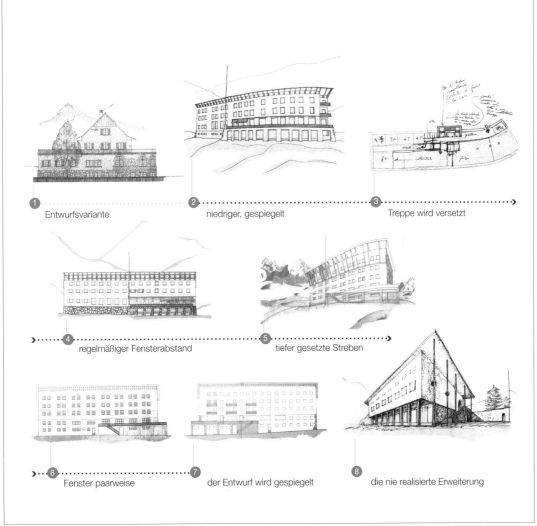

① Entwurfsvariante

② niedriger, gespiegelt

③ Treppe wird versetzt

④ regelmäßiger Fensterabstand

⑤ tiefer gesetzte Streben

⑥ Fenster paarweise

⑦ der Entwurf wird gespiegelt

⑧ die nie realisierte Erweiterung

Darstellung, die aufgrund der Ähnlichkeit zum schließlich errichteten Hotel als fortgeschritten bezeichnet werden kann. Wann mit dem Entwurf begonnen wurde beziehungsweise wann Gio Ponti den Auftrag für die Planung des Sporthotels tatsächlich erhalten hat, kann mit Hilfe der Archivunterlagen nicht mit Genauigkeit angeben werden.

Während der verschiedenen Entwurfsphasen wechseln die namentlichen Bezeichnungen der verschiedenen Stockwerke mehrmals. Aufgrund der leichten Geländeneigung wird in den Plänen das auf Level +1,60 m liegende Geschoss teilweise als Erdgeschoss, teilweise aber auch als *seminterrato* (Souterrain) bezeichnet, obwohl es sich ohne Zweifel um dasselbe Geschoss handelt. Um diesbezüglich Verwechslungen vorzubeugen, wird fortan das auf Level +1,60 m liegende Geschoss als Erdgeschoss bezeichnet, unabhängig davon, ob es in den Plänen des Archivs teilweise anders bezeichnet wird.

Schritt X: Plan SICEA

Nicht klar zuordenbar ist die Plandarstellung eines in den Dimensionen etwas kleineren Hotels, abgelegt in einem Unterordner der Kartei *Albergo in Val Martello*, die den anderen Skizzen gänzlich widerspricht. Weder die Plandarstellung, noch die formelle Architektursprache weisen Gemeinsamkeiten zu den anderen Entwürfen auf.

Die Unterschiede in der Darstellung wie die Wahl der Schriftart, die Verwendung der Farben rot und gelb für Wände und Möbel, die im Vergleich zu den anderen Skizzen Pontis etwas überladene Darstellung der Fassaden in Kombination mit dem ortsunspezifischen Titel des Unterordners *schizzo per un albergo in montagna* (Skizze für einen Gasthof in den Bergen) lassen die Idee aufkommen, dass es sich um einen früheren Entwurf von Gio Ponti handeln könnte. Unabhängig vom Ursprung und Entstehungszeitpunkt dieser Zeichnungen kommt der Gedanke, dass der Entwurf in Zusammenhang mit dem *Hotel Paradiso* steht, durch folgende Hinweise auf:

1. Bei Betrachtung der Handnotizen fällt die Ähnlichkeit der Handschrift zu anderen Skizzen Pontis auf, und bei genauerer Untersuchung könnte man meinen, die Signatur „GP" erkennen zu können, wie sie auch auf anderen Plänen zu finden ist. Diese, auf einem subjektiven Eindruck basierenden, Gedanken können ohne graphologische Bestimmung jedoch nicht bestätigt werden.

2. Bei dem handschriftlich hinzugefügten, klar erkennbaren und mit zwei Pfeilen verbundenen Wort „Peder" links des Grundrisses des Erdgeschosses und der ebenso mit einem Pfeil kombinierten, wesentlich schwerer lesbaren Notiz weiter unten, die als „Cevedale" gedeutet werden kann, handelt es sich um Berge im hinteren Martelltal. Kombiniert mit den Orientierungsangaben Nord und Süd bildet sich ein korrektes Bild der umliegenden Bergszenerie. Diese Annahme wird unterstützt von den Planzeichnungen *S·I·C·E·A No 1327* und *S·I·C·E·A No 1328*, die in Verbindung mit der Baufirma SICEA gebracht werden können, die das Hotel später ausführt.

3. Der Entwurf enthält verschiedene Zimmerklassen sowie Zimmer für Bergführer mit jeweils getrennten Zugängen. Dies ist ein Ansatz, der bei anderen realisierten Hotelentwürfen jener Zeit nicht auffindbar ist, der aber in späteren, eindeutig dem *Hotel Paradiso* zuzuweisenden Skizzen, weitergeführt wird. Die Idee, mit verschiedenen Gästekategorien zu arbeiten, ist jedoch nicht neu und kommt beispielsweise bereits beim Entwurf für die Triennale *L'albergo tipo di mezza montagna* zum Einsatz[128].

Basierend auf oben genannten Argumenten können zwei gegensätzliche Thesen formuliert werden:

1. Der erste Entwurf stammt von der Firma SICEA, die von Piero Richard geleitet wird, der zu dieser Zeit ebenfalls Teilhaber der Inhabergesellschaft des Hotels ist. Zu einem späteren Zeitpunkt wird beschlossen, die Planung an Gio Ponti zu übergeben, dieser sieht sich die Vorarbeit an und behält die ursprünglichen Pläne ein, was die abweichende Plansprache erklären würde.

2. Es handelt sich tatsächlich um einen früheren Entwurf von Gio Ponti, den er bei Erhalt des Auftrags noch einmal in Betracht zieht. Das würde den nicht ortsbezogenen Titel *schizzo per un albergo in montagna* und die gewandelte Darstellungsart erklären, allerdings nicht das Kürzel *S.I.C.E.A.*

Unabhängig von der Interpretation der Hinweise handelt es sich um einen Entwurf, der an die Ideen der Moderne anknüpft, parallel dazu aber alpine Architekturelemente aufgreift. Der Grundriss mit seiner geringen Tiefe und die langgezogene, im Restaurant rund endende dynamische Form sind Ansätze, die auch in anderen rationalistisch beeinflussten Entwürfen seiner Zeit gefunden werden können. Ein Beispiel hierfür ist das bereits zuvor beschriebene Hotelprojekt *L'albergo*

128 siehe: Kapitel Hintergründe I Tourismus im Italien der 1930er, S. 18.

tipo di mezza montagna. Allerdings werden bei vorliegendem Entwurf die Glasflächen wesentlich kleiner gehalten und das Satteldach sowie der steinerne Sockel können als Referenz für alpines Bauen interpretiert werden.

Schritt 1

Die Skizzen dieser und folgender Phasen können schon aufgrund des Titels zweifellos dem Entwurf für das Martelltal zugeordnet werden. Abgesehen davon sind wesentliche charakteristische Elemente bereits ablesbar, wie der lang gezogene schmale Baukörper, die konvexe Gebäudeform, das Pultdach mit den gezielt gesetzten Streben als ästhetischer Blickfang, der Peder und der Cevedale als Bezugspunkte, die einseitig vorgelagerte Terrasse (hier mit einem markanten Fahnenmast) (Abb. 29) und die Positionierung der Aufenthaltsräume sowie der beiden getrennten Restaurants im 1. Geschoss.

Das Gebäude besteht aus vier Geschossen wobei das gesamte 3. Obergeschoss den *villeggianti* (Sommerfrischlern/ langzeitige Feriengäste) zugesprochen wird, ebenso etwas mehr als die Hälfte des darunter liegenden Stockwerks. Der Teil der *turisti* (Touristen/ kurzfristigen Feriengäste) wird hingegen kleiner gehalten (Abb. 31). Auf Balkone wird verzichtet, lediglich an der Ostseite, dem Trakt der gehobenen Gästeklasse, wird eine von zwei Zimmern aus zugängliche Loggia geplant (Abb. 31). Die Fenster sind paarweise angeordnet.

Die klare Unterteilung in verschiedene Gästeklassen, hier definiert als *turisti* und *villeggianti*, fällt bereits bei diesem Entwurf auf. Die Trennung verläuft in diesem Fall sogar wesentlich strikter als im Endentwurf: direkt nach dem Haupteingang im 1. Obergeschoss sowie dem zusammen genutzten Schiraum im Erdgeschoss werden die Wege gezielt über separate Treppenhäuser geführt, jegliche Begegnung der Klassen scheint unerwünscht. An der Nordseite beinhaltet ein vorspringender Bauteil im Erdgeschoss die Sanitärräume, im Hauptgeschoss wird dieser Platz hingegen dazu genutzt, die *turisti* in den ihnen allein vorbehaltenen Trakt zu führen.

Ein wesentlicher Unterschied im Vergleich zum fertigen Entwurf ist die gespiegelte Darstellung des gesamten Grundrisses. Der Baukörper endet südöstlich in einem konvexen Schwung. Zudem ist das Gebäude leicht gedreht und die Fassade orientiert sich nach Westen. Die Hauptfassade des

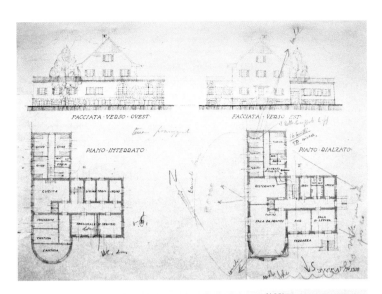

FACCIATA · VERSO · OVEST   FACCIATA · VERSO · EST

PIANO · INTERRATO   PIANO · DI ALZATO

ALBERGO IN VAL MARTELLO
PIANTA PIANO SOTTERRANEO
SCALA 1/200.

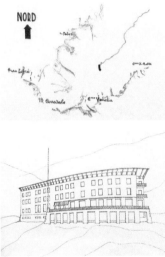

NORD

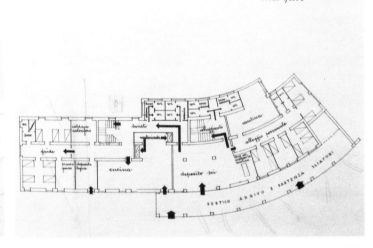

ALBERGO IN VAL MARTELLO
PIANTA PIANO TERRENO
SCALA 1/200.

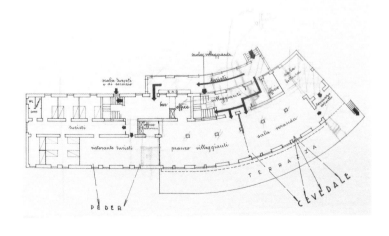

1937 fertiggestellten Hotels ist hingegen südwestlich ausgerichtet (Abb. 29).

Seitlich der Skizzen befinden sich handschriftliche Anmerkungen zu gewünschten Änderungen und Ideen, die folgend interpretiert werden können: Die Linien unterhalb der Terrasse suggerieren Spuren von Schi im Schnee und unterstreichen die Idee des Sporthotels, von dem aus der Schifahrer direkt vom geschützten, von der Terrasse überdachten Bereich in die umliegende Bergwelt gleiten kann (Abb. 28). Im 1. Obergeschoss wird der nordseitig liegende, auskragende Bauteil durchgestrichen und die Eingangssituation verändert. Ebenso werden die rechts außen liegende *„sala lettura"* (Lesesaal) sowie die darüber liegenden Loggien (Abb. 31), die die klare Linienführung des Hotels aufbrechen, gestrichen. Anhand des Beispiels im 2. Obergeschoss (Abb. 31) werden in einem Zimmer die Betten gedreht, sodass sie sich an die Trennwände reihen und senkrecht zur südlichen Wand stehen, wodurch die Zimmer schmaler werden. Die darunter geschriebene Anmerkung *„finestra nuova"* (neues Fenster) könnte ein Hinweis auf die geplante Veränderung der paarweisen Fensteranordnung sein. Das bereits vorhandene Pultdach soll, wie im Schnitt angedeutet wird, wesentlich steiler werden.

Schritt 2

Im diesem Schritt werden die in Schritt 1 beschriebenen Anmerkungen in Skizzen realisiert und schrittweise angepasst.

Das vorspringende Element wird im Erdgeschoss wie auch im 1. Obergeschoss abermals durchgestrichen, lediglich im Obergeschoss bleibt ein auskragender Windfang erhalten.

Die Idee der separaten Erschließung für Lang- und Kurzzeitgäste wird nun zwar verworfen, allerdings soll die Trennung in den anderen Bereichen klar sichtbar bleiben. Die Anmerkung *„mettere in evidenza la distinzione"* (die Unterscheidung hervorheben) weist dezidiert darauf hin, die Trennung zwischen den Gästeklassen zu betonen.

Über die Lage der Zimmerkategorien scheint in dieser Entwurfsphase noch diskutiert zu werden. Einerseits fällt der Vorschlag, die Trakte der *turisti* und der *villeggianti* jeweils übereinander zu positionieren, andererseits steht die Idee im Raum, den gesamten letzten Stock den *villeggianti* zu überlassen.

Abb. 31 Schritt 1, Grundriss 2. OG
Abb. 32 Schritt 2, Grundriss 1. OG mit innenliegender Erschließung
Abb. 33 Schritt 2, Grundriss 1. OG Variante mit versetzter Treppe (Randnotiz: „se è proprio necessario portate fuori la scala")

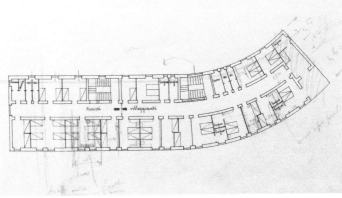

ALBERGO IN VAL MARTELLO
PIANTA PIANO PRIMO
SCALA 1/200.

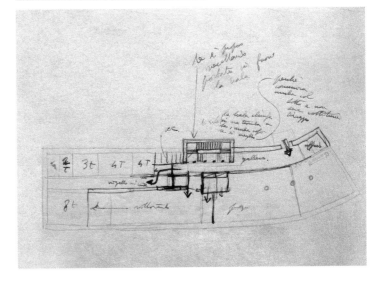

Der Entwurfsprozess

Das äußerst schmal gehaltene Gebäude und der Wunsch nach einem betonten Treppenauge führen zur Versetzung der Treppe, sodass sie an der Fassade vorspringt, was durch die geschriebenen Zeilen *„se è proprio necessario portate in fuori la scala"* (wenn es wirklich notwendig ist, versetzt die Treppe nach außen) betont wird. Der nunmehr vorspringende Erschließungskern wird schließlich in einer Ansicht festgehalten.

Auf einer der Skizzen wird bereits die Farbgebung des Speisesaals mit *„azzurro"* (hellblau) angedeutet, der später jedoch in einem satten gelb gestrichen wird. Trotzdem zeigt die Anmerkung, dass bereits in diesem Schritt über die Farbgebung nachgedacht wird.

Abb. 34 Schritt 3, Grundriss 1. OG

Abb. 35 Schritt 3, Grundriss 2. OG

Schritt 3

In dieser Phase ist die Treppenposition nun festgelegt und der Entwurf wird ausformuliert.

Der Hauptzugang im Erdgeschoss erfolgt über den Schiraum, es gibt einen Bereich für die *„guide"* (Bergführer), die Wäscherei wird eingezeichnet, ebenso die Küche und die Personalräume. Anmerkungen Pontis weisen auf weitere Änderungen hin, die vor allem die Raumnutzungen betreffen. Was in diesem Geschoss im Vergleich zum Endentwurf noch fehlt, ist der Ausschank.

Im Obergeschoss, dem Aufenthaltsbereich, werden mehrere interne Änderungen sichtbar. Über eine rechts außen liegende Treppe und einen kleinen Windfang erreicht man die Rezeption und den Eingangsbereich. Dieser wird in einer Skizze als *„galleria"* (Galerie) bezeichnet. Vom gemeinsam genutzten Eingangsbereich werden die der höheren Gästekategorie vorbehaltenen Räume, die *„sala pranzo"* (Speisesaal) und die etwas kleinere *„sala"* (Aufenthaltsraum) erschlossen.

Im Eingangsbereich ist bereits eine Verglasung eingezeichnet, die einen Blick in die *„sala pranzo"* erlaubt. Der Gedanke wird schließlich beibehalten, denn auch im gebauten Hotel sind mehrere Durchblicke zwischen den einzelnen Räumen zu finden.

Durchqueren die Hotelgäste die gesamte sich an der Nordseite entlang ziehende *„galleria"*, erreichen sie die Treppe, von deren Vorraum das Restaurant für die *turisti* zugänglich ist. Wie in den vorhergehenden Zeichnungen sind die zwei Restaurants getrennt, lediglich das Personal kommt über den Servicebereich, auf den Skizzen *„office"* genannt, in beide

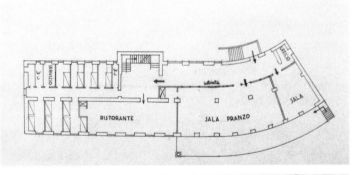

ALBERGO IN VAL MARTELLO
PIANTA PIANO TERRENO
SCALA 1/200

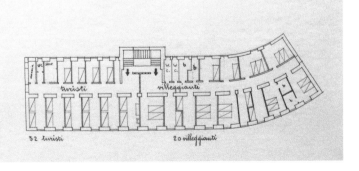

ALBERGO IN VAL MARTELLO
PIANTA PIANO PRIMO
SCALA 1/200

Der Entwurfsprozess

Abb. 36 Schritt 3, Südansicht

Bereiche. An besagten Vorraum schließt ein Gang an, der mit dem westlich positionierten Touristentrakt verbunden ist.

Im darüber liegenden Geschoss werden der Bereich der *turisti* und jener der *villeggianti* separat erschlossen – ein Gedanke, der sich bis zum finalen Entwurf durchzieht. Das Dachgeschoss ist ausschließlich den *villeggianti* vorbehalten.

Was hier, wie auch auf vorhergehenden Skizzen, auffällt, sind immer wieder auftauchende Hochrechnungen der Bettenanzahl, unterteilt in die Gästeklassen, die bereits im Schritt X aufscheinen und sich mit fortschreitenden Skizzen konstant erhöhen. Im Vergleich zu den vorhergehenden Zeichnungen zeigt sich das Dach in diesem Schritt wesentlich steiler.

Die Ansicht der Hauptfassade demonstriert eine klare Fensteranordnung mit regelmäßigen Abständen, die die vorherige paarweise Anordnung nun ersetzt. Die Terrasse erstreckt sich entlang der „sala pranzo" und der „sala" im Hauptgeschoss. Die hohen Fenster belichten das Restaurant der *turisti*. Der Fahnenmast wird abermals markant hoch skizziert (Abb. 36). Außerdem werden in der Ansicht die Materialien angedeutet. Der Sockel wird bis zur Höhe der Terrasse mit unregelmäßigen Natursteinen dargestellt. Das Beschattungselement der Terrasse kann als Markise gedeutet werden. Der oberste Teil der Fassade deutet einen kleinen Rücksprung an, der wiederum als Auflager für die vorspringenden Streben dient. Überdies werden Fensterläden angedeutet.

Insgesamt gibt es bereits einige Übereinstimmungen zum fertigen Entwurf, allerdings ist der Grundriss nach wie vor gespiegelt.

Schritt 4

Hierbei handelt es sich lediglich um eine Ansicht und eine perspektivische Darstellung, abgelegt in einem Unterordner mit folgender Notiz: *„Questo schizzo era in arredamento Uffici Vetrocoke 1938 (C.101/6)"*. Laut dieser Auskunft dürften sich die Skizzen in den Unterlagen zu einem anderen Projekt befunden haben (Ordner *Vetrocoke Büros 1938 (C.101/6)*), zeigen aber eindeutig das *Hotel Paradiso*.

Die Ansicht ist jener des vorherigen Schrittes in vielen Punkten ähnlich, dennoch kommt es dem finalen Entwurf wieder einen Schritt näher: Das Hotel wird nun mit einem zusätzlichen Stock, also in der endgültigen Höhe, dargestellt. An der somit etwas höher gewordenen Fassade fallen vor allem

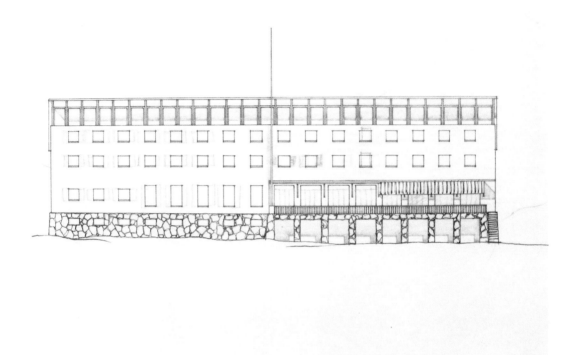

ALBERGO IN VAL MARTELLO
FACCIATA PRINCIPALE
SCALA 1/200

Der Entwurfsprozess

die Streben auf. Diese werden in etwa auf Höhe der Geschoss-
decke auf einem, so scheint es, durchlaufenden Holzbalken
fixiert. Die Anordnung der Fenster und Streben erfolgt wieder
paarweise.

Der Zugang zur Terrasse wird auf dieser Skizze erstmals,
sieht man von der Spiegelung ab, wie im finalen Entwurf dargestellt und verläuft parallel zur Terrasse. Des Weiteren erkennt man hier erstmals an der östlichen Fassade der perspek-
tivischen Darstellung die runden Fenster, die später zu einem
wesentlichen Merkmal des Hotels werden (Abb. 39).

Die Idee der tiefen, durchaus markanten Streben ist nicht
neu und auch in anderen Entwürfen dieser Zeit zu finden. So
wird beispielsweise in einer 1931 erschienenen Ausgabe der
Zeitschrift *Domus* ein Artikel veröffentlicht, der vorbildliche
Entwürfe für Gebäude in den Alpen zeigt, die die umliegende
Bergwelt nicht negativ beeinflussen. Darunter befindet sich
auch ein nicht realisierter Entwurf des Architekten Sot-Sas
(Ettore Sottsass sen.) für ein Hotel in San Martino di Castrozza, in dem ebenfalls mit Holzstreben gearbeitet wird (Abb. 38).[129]
Sie sind aber auch in realisierten Entwürfen, wie beispielsweise
bei dem als Vorläufer der Tiroler Moderne geltenden *Hotel
Monte Pana* von Franz Baumann aus dem Jahr 1930 gezielt
eingesetzt wiederzufinden (Abb. 37).

Trotz der detailreichen, durchwegs überzeugenden Darstellung taucht dieser Ansatz aus unbekannten Gründen im
weiteren Verlauf nicht mehr auf, was den Entwurf wiederum
in seiner konsequenten, horizontalen Linearität bestärkt.

Schritt 5

Hierbei handelt es sich um die ersten datierten Zeichnungen,
wobei sich die erste Datierung auf den 08.05.1935 bezieht.
Die Betrachtung der vorhergehenden Schritte lässt vermuten,
dass der Auftrag schon einige Zeit früher im Büro *Ponti-Fornaroli-Soncini* eingegangen ist. Laut einem in *Domus* erschie-
nen Artikel in der Rubrik *Cold Case* befand sich das Projekt
bereits seit 5 Jahren im Studio.[130] Diese Zeitangabe kann aufgrund fehlender Quellenangaben nicht kontrolliert werden,
ohne auszuschließen, dass sich der Autor auf das (in vielen
Punkten ähnliche) Großprojekt der Seilbahnerschließung der
Dolomiten bezieht. Fälschlicherweise wurde lange Zeit davon ausgegangen, dass dieses Projekt zu Beginn der 1930er
entstanden ist und als Grundlage für den Entwurf des *Hotel*

Abb. 37 Arch Franz Baumann,
Hotel Monte Pana, 1930

Abb. 38 Arch. Sot-Sas, Hotelentwurf, S. Martino di Castrozza, 1931

Abb. 39 Schritt 4, Perspektive mit
tiefen Streben

129 Calzini, Raffaele, Per la conservazione di tradizioni decorativi, in:
Domus, Nr. 47, 1931, S. 94.
130 Spinelli, 2012, S. 142.

60   Hotel Valmartello al Paradiso – Geschichte eines Kunstwerks

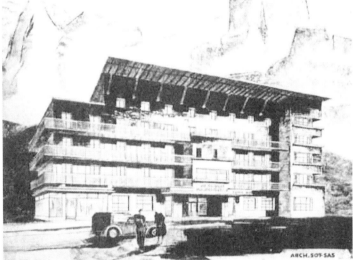

Der Entwurfsprozess

Paradiso gedient hat.[131] Die Zeichnungen sind in diesem Schritt bereits sehr detailliert und die Außenmaße stimmen bereits mit jenen der finalen Zeichnungen überein. Der Entwurf ist allerdings noch immer gespiegelt.

Im 1. Obergeschoss stimmt die Raumaufteilung bis auf wenige Details, wie beispielsweise der Position des Kamins in der „*sala*", bereits mit dem Endentwurf überein.

In den Geschossen darüber ist die Unterteilung inzwischen ebenfalls klar: links *turisti*, rechts *villeggianti*. Im Dachgeschoss kann aufgrund von fehlender Beschriftung nicht eindeutig bestimmt werden, welcher Klasse es zugeordnet wird. In Schritt 3 weist die Beschriftung noch auf Zimmer für *villeggianti* hin. Wenn dieser Gedanke beibehalten wurde, handelt es sich höchstwahrscheinlich um Einzelzimmer.

Die Wandkonstellation in den Zimmern der *villeggianti* gibt teilweise die Möblierung vor, sodass sich zwei Zimmer ineinander verschränken und im Raum zwischen den Kopfseiten der Betten Platz für einen Schrank oder ein Regal bleibt (Abb. 40). Der Entwurf von Raum und Möbel läuft folglich parallel zueinander.

Die Fenster werden, mit Ausnahme der Nordfassade, auf der Seite der *villeggianti* paarweise angeordnet. An der Südfassade wird sichtbar, dass in den Zimmergeschossen auf jegliche Art von Auskragung, wie beispielsweise Balkone, verzichtet wird (Abb. 41). Im Schnitt werden nun die rechteckigen Fenster der Erschließung durch runde ersetzt.

Schritt 6

Datiert auf den 18.06.1935 werden sämtliche Pläne gespiegelt, ohne dass auf vorherigen Skizzen Andeutungen oder Notizen zu finden sind, die diesen Schritt begründen. Die Vermutung eines Zusammenhangs zwischen der Spiegelung und der Besichtigung des Bauplatzes am 15. Juni 1935 – also lediglich 3 Tage vorher – ist naheliegend. Im entsprechenden Brief des Bauherrn Penati an seine Tochter erzählt er von einem gemeinsamen Lokalaugenschein mit einem Architekten und drei Ingenieuren.[132] Aufgrund des zeitlich knappen Abstands zwischen Besichtigung und Spiegelung kann hinter dem namentlich nicht erwähnten Architekten Gio Ponti vermutet werden. Der Grund für diese plötzliche, doch wesentliche Änderung findet in den Unterlagen des CSAC jedoch keine Erwähnung. Die ersten Zeichnungen beinhalten die bemaßten Umrisse, die

Abb. 40 Schritt 5, Grundriss 2. OG

Abb. 41 Schritt 5, Südansicht

[131] siehe: Kapitel Hintergründe I
Gio Ponti und das temporäre Wohnen
S. 24.

[132] Penati, 1993, TC: 00.09.32 –
00.10.33, 00.14.30 – 00.14.52.

Hotel Valmartello al Paradiso – Geschichte eines Kunstwerks

ALBERGO IN VAL MARTELLO .
PIANTA DEL PIANO 1°   1/100 .

DIS. nr. M/004 .   15 MAGGIO 1935 . XIII .

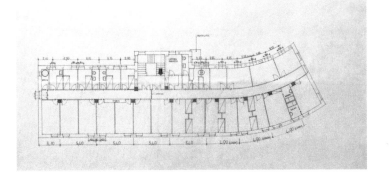

ALBERGO VAL MARTELLO.
FACCIATA PRINCIPALE. SKALA 1/100

DIS. n. M/ 042 10/6/1935 (SOSTITUISCE IL DIS. M/007)

Darstellung der Fundamente sowie der Hauptfassade und der seitlichen Fassaden, jedoch ohne Raumaufteilung oder Fensterpositionen. Die Fassadenzeichnungen sind ohne Öffnungen und Balkone zu erkennen. Lediglich die Terrasse an der Südseite, die Treppe zum Haupteingang und der Erschließungskern sind dargestellt. Außerdem ist die Linie zwischen Hauptgeschoss und Obergeschoss eingezeichnet, wohl um einen Material- oder Farbwechsel anzudeuten.

Abb. 42 Schritt 6, Grundriss 2. OG
Abb. 43 Schritt 6, Südansicht

Die wenig später folgenden Grundrisse und das Raumprogramm sind, bis auf wenige Ausnahmen, ident mit den vorhergehenden Zeichnungen und werden später auch so realisiert. Unterschiede finden sich ab dem 2. Obergeschoss, wo nun erstmals die Balkone dargestellt werden. Außerdem werden die Fensterachsen gleichmäßig über die gesamte Länge des Gebäudes verteilt, wodurch die paarweise Anordnung ersetzt wird (Abb. 43).

Die Raumaufteilung im 2. und 3. Obergeschoss wird leicht verändert. So werden die vorher im Gästetrakt verwendeten, die Einzelbetten umschließenden Trennwände durch gerade ersetzt (Abb. 42). Die südlich orientierten Zimmer der *villeggianti* werden etwas größer gestaltet und mit Doppelbetten ausgestattet. Die Größe der nördlich positionierten Zimmer verändert sich minimal. Im Trakt für die *turisti* verändert sich lediglich die Position der Bäder. Die Zimmeranzahl im Dachgeschoss verringert sich um eines und auch hier variiert die Positionierung des Badezimmers. Außerdem wird im Dachgeschoss durch eine handschriftliche Notiz die Verwendung des nordseitig gelegenen Dachraumes als „*cameroni*" (Bettenlager) bezeichnet.

Die Raumaufteilung sowie -positionierung im Erdgeschoss wird auf verschiedenen Plänen mehrfach verändert. Auffallend ist, dass der Ausschank auf den finalen Plänen etwas kleiner ausfällt, und die Verbindungstür zum Vorraum fehlt. Außerdem wird er als Restaurant für die Bergführer ausgewiesen. Da ein Foto des Ausschanks in seiner heutigen Größe schon in einer Veröffentlichung aus dem Jahr 1938 auftaucht[133], kann der Gedanke ausgeschlossen werden, dass der Umbau erst bei der Erweiterung 1952 realisiert wurde.

Die Fassadendarstellung suggeriert noch immer einen Steinsockel (Abb. 43), der letztlich jedoch nicht realisiert wird. Außerdem werden an beiden Seitenansichten Balkone dargestellt, die lediglich an der östlichen Fassade realisiert werden.

133 Masera, Paolo, Un albergo di montagna esemplare, in: edilizia moderna, Nr. 27, 1938, S. 14 – 21.

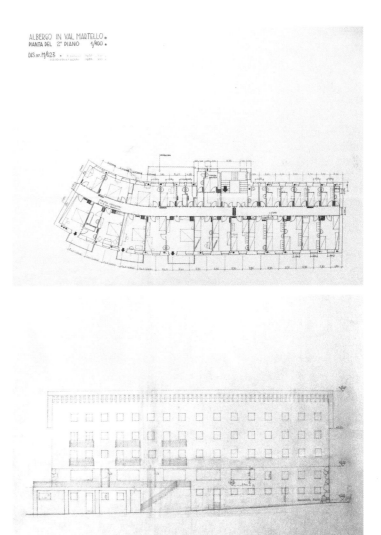

Der Entwurfsprozess

Schritt 7

In den Unterlagen des Archivs befinden sich auch Pläne zu einer Erweiterung, allerdings ohne Datierung. Da einige der Zeichnungen mit einem Stempel des Studios *Ponti-Fornaroli -Soncini* versehen sind, welches im Jahr 1945 aufgelöst wird, sind diese Pläne vermutlich in der Zeit zwischen der Fertigstellung des Hotels 1937 und 1945 entstanden. In einer *Domus* -Ausgabe aus dem Jahr 1938, in der das *Hotel Paradiso* vorgestellt wird, ist bereits von einer Studie bezüglich einer Erweiterung die Rede.[134] Die Vermutung liegt nahe, dass es sich bei den in diesem Schritt dargestellten Zeichnungen um jene der Erweiterung handelt.

Die Pläne gliedern sich in zwei Etappen: Anfänglich wird vor der östlichen Fassade eine große Terrasse errichtet, der sich darunter bildende Raum wird verschlossen und über die bereits bestehende Tür mit dem Küchentrakt verbunden. Der Zugang zur Terrasse erfolgt einerseits über eine Außentreppe, andererseits über die ehemalige Balkontür des Touristentrakts. Außerdem wird diese Terrasse mit der Bestandsterrasse über einen 2,60 Meter breiten Steg verbunden. Der Steg setzt sich von der Hauptfassade ab, um einen gebührenden Abstand zu den Zimmerfenstern zu halten.

In der nächsten Etappe wird auf der ergänzten Terrasse ein zweistöckiger Zubau gezeichnet, der mit einem geneigten Pultdach und den in gleichmäßigem Abstand gesetzten Streben, der Form des *Hotel Paradiso* folgt (Abb. 44). Durch einen leichten Vorsprung setzt er sich dennoch klar vom Bestandsbauwerk ab. Weiters soll der Zubau weiß verputzt werden. Es wird ebenfalls mit dem klaren Achsenabstand der Fenster des Hotels gebrochen, indem sie näher zueinander gesetzt werden, jedoch die Höhe der Öffnungen der westlich gelegenen Aufenthaltsräume wieder aufnehmen. Unklar bleibt, ob die Verbindung zu der bestehenden Terrasse über den oben genannten Steg oder über die ganze Tiefe erfolgen soll, da das Bestandsgebäude zeichnerisch nur in Ansätzen angedeutet wird (Abb. 46).

Im Erdgeschoss befinden sich Lebensmittellager, ein Holzlager sowie ein Postamt (Abb. 45). Im Hauptgeschoss öffnet sich ein zweistöckiger Aufenthaltsraum mit einer Bar sowie einem großen Kamin und einer Galerie, von der aus auch der Balkon erschlossen wird (Abb. 46). Außerdem wird nördlich, getrennt vom Hauptgebäude, ein Baukörper hinzugefügt (Abb. 44), der im Erdgeschoss sieben Garagen erhält. Im darüber liegenden

Abb. 44 Schritt 7, Ansichten des geplanten Zubaus

Abb. 45 Schritt 7, Grundriss EG: Ausschnitt Lagermöglichkeiten für die Küche und Garagen

Abb. 46 Schritt 7, Grundriss 1. OG: Ausschnitt Aufenthaltsraum mit Kamin und 12 weitere Zimmer

134 O. A., Un nuovo albergo, un nuovo stupendo centro turistico italiano, in: Domus, Nr. 121, 1938, S. 10.

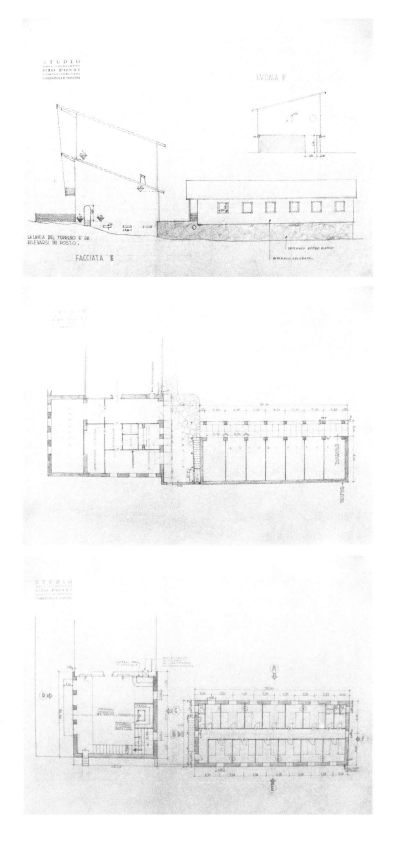

Der Entwurfsprozess

Stockwerk werden weitere Zimmer eingezeichnet, die den Grundrissen nach zu urteilen entweder für *turisti* oder das Personal geplant werden. Die Verbindung der beiden Bauten erfolgt durch eine Wand, die den Komplex formal gegen Osten abschließt und einen Hof zwischen Haupt- und Nebengebäude bildet. Der Sockel soll auch hier mit weißem Grobputz versehen werden und das obere Geschoss wird mit *„intonaco colorato"* (farbigem Putz) angegeben, wobei nicht klar ist, ob die grüne Farbe des Hotels wieder aufgegriffen werden soll. Die Stützen entlang der Treppe werden *„in legno con corteccia"* (Holz mit Rinde) beschrieben. Die gleiche Materialbezeichnung wurde in den vorhergehenden Schritten für die Geländer der Terrasse und der Balkone verwendet.

Die Gründe für die geplante Erweiterung können verschiedene sein, wobei es sich um reine Annahmen handelt.

1. Es besteht die Möglichkeit, dass das Hotel so gut lief, dass sich eine Erweiterung gelohnt hätte. In diesem Zusammenhang sollte auch gleich die Küche vergrößert und, sicherlich auch aufgrund der abgelegenen Lage, mehr Raum für die Lagerung von Lebensmitteln geschaffen werden. Außerdem forderten die mit dem Auto anreisenden Gäste den Wetterbedingungen entsprechend überdachte Stellplätze. Die Größe der im Zubau geplanten Zimmer entspricht jenen der *turisti*, was wiederum bedeuten könnte, dass mehr *turisti* als *villeggianti* das Hotel besucht haben, und deswegen zusätzlicher Raum für die erste Kategorie geschaffen werden sollte.

2. Die andere Annahme besagt, dass es sich bei der geplanten Erweiterung um eine rein propagandistische Maßnahme gehandelt hat, um die Effizienz des italienischen Tourismusverbands zu betonen. Die zweite Theorie ist aus zeitlichen Gründen wahrscheinlicher, denn die Erweiterungsstudie wird bereits in der *Domus*-Ausgabe vom Jänner 1938 erwähnt, nicht einmal ein Jahr nach der Eröffnung des Hotels. Eine Erklärung, warum die Arbeiten nicht umgesetzt wurden, könnte in beiden Fällen ein Finanzierungsproblem sein.

Abb. 47 Perspektivische Darstellung des Zubaus mit im Osten abschließender Mauer

ALBERGO VALMARTELLO
NUOVA COSTRUZIONE
✳

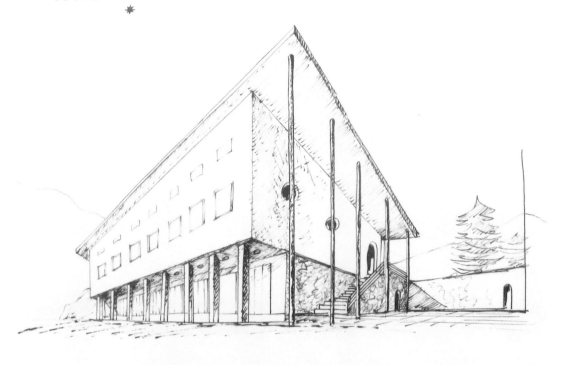

Das Hotel 1937

Die Baubeschreibung 1937

Bauzeit: 1935–1937
Eröffnung: 28.02.1937[135]
Name: Albergo Valmartello al Paradiso del Cevedale[136]
Bauherr: Emilio Penati

Höhe: 18,60 m | Breite: 43,00 m | Tiefe: 10,35 m | bebaute Fläche: 444 m² | Kubatur: 6.993 m³ | Stockwerke: 4 Geschosse, 1 Dachgeschoss | Gäste: 21 Zimmer (39 Betten) | Touristen: 27 Zimmer (82 Betten) | nicht zuordenbar: 13 Zimmer (14 oder 28 Betten) | Bergsteiger: 1–2 Zimmer (20–40 Betten) | Gastronomie: 2 Restaurants, 1 Bar, 1 Taverne | zusätzliches Angebot: Friseur, Massagezimmer, Telegraphenamt, Bergführer und Schilehrer, Wäscherei

Abb. 48 Titelbild des „Domus"-Artikels über das Hotel, 1938

Abb. 49 Leo Bährendt, Südansicht, 1937–1941

Abb. 50 Leo Bährendt, Nordansicht mit dem Cevedale im Hintergrund, 1937–1941

Der lang gezogene, leicht geschwungene Baukörper befindet sich zentral auf einer flachen, länglich dem Talverlauf folgenden Hochebene, natürlich begrenzt von der Schlucht, durch die sich die Plima schlängelt und den steil zu Bergen ansteigenden Hängen. Die Hauptfassade mit dem auskragenden Pultdach wendet sich südlich dem Talschluss zu und schließt mit einem konvexen Schwung in westlicher Richtung ab. Einseitig vorgelagert befindet sich die Terrasse auf Höhe des 1. Obergeschosses, darunter liegen die Zugänge zu den Schiräumen und Garderoben. Seitlich der Terrasse führen ein paar Stufen zu der Taverne. Die davor liegende Wiese wird im Sommer mit Tischen und Schirmen zu einem Gastgarten umfunktioniert.

Die flächig wirkende Fassade folgt mit den gleichmäßigen Abständen der Fensterachsen einer klaren, ruhigen Gliederung. Lediglich an der Westseite betonen wenige Balkone den dynamischen Schwung. Die Fenster der Aufenthaltsräume im ersten Stock sind etwas breiter, folgen aber dennoch dem Achsenraster. Die Balkon- und Terrassengeländer aus runden Holzstäben mit sichtbarer Maserung betonen die horizontale Ausrichtung des Baukörpers. Der Sockel wird bis zur Oberkante des 1. Stockwerks mit einem weißen Grobputz versehen, für die restliche Fassade wird ein feinerer Putz gewählt, der sich laut Beschreibungen farblich am umliegenden Nadelwald orientiert.[137] Der nördlich liegende Hauptzugang wird in den vorspringenden Erschließungskern integriert.

Elemente wie die aus dem ansonst geschlossenen Baukörper vorspringenden Treppen, die Positionierung der Balkone an der Südfassade und die Fenstergrößen machen die

135 O.A., Gute Saison im Vinschgau, in: Dolomiten, Jg. 14, Nr. 28, 1937, S. 6.

136 Es taucht sowohl in den Medien, als auch in Werbeprospekten teilweise unter dem Namen Sporthotel Valmartello bzw. unter Sporthotel auf. In Publikationen jüngeren Datums wird es meist kurz Hotel Paradiso genannt.

137 Tartarotti, 1993, TC: 00.19.00 – 00.22.00.

UN NUOVO ALBERGO, UN NUOVO
STUPENDO CENTRO TURISTICO ITALIANO

Das Hotel 1937

Nutzungen der Innenräume von außen ablesbar. Die Balkone weisen auf die Position der höchsten der drei Zimmerkategorien hin, die meist nordseitig liegenden Sanitärbereiche verfügen über kleinere Fenster, hinter den Rundfenstern befinden sich die Erschließungszonen, die schmalen Öffnungen am oberen Ende der Nordfassade unterhalb des Pultdaches belichten das Bettenlager und die Gesellschaftsräume befinden sich im weiß verputzten Sockel und verfügen über die größten Fenster.

Die umliegende Natur soll so unberührt wie möglich wirken – schließlich befindet sich das Hotel im *Nationalpark Stilfser Joch*, der zu dieser Zeit oft in Werbeprospekten aufscheint. Dennoch wird vor dem Gebäude ein künstlicher See geschaffen[138], denn den Gästen soll das Erlebnis eines Bergsees nicht verwehrt bleiben. Mit der Zeit und mit Hilfe ausgelegter Köder werden sogar Steinböcke zutraulich gemacht.[139]

Bei dem Hotel handelt es sich um eines der weniger bekannten Werke Gio Pontis. Stilistisch ist es durch die klare Linienführung sicherlich vom *razionalismo* beeinflusst, wobei auch eine Anlehnung an Elemente alpiner Bauweisen zu erkennen ist, wie beispielsweise das geneigte Dach und die Verwendung lokaler Materialien, etwa die naturbelassenen Holzgeländer und die hölzernen Fensterläden. Bolzoni beschreibt passend, dass es sich dabei um den Versuch einer Verbindung von vor Ort gefundener Architektursprache, kombiniert mit städtischen Elementen und Anforderungen, handle.[140] Der gehobenen Gesellschaft aus urbanem Umfeld sollten auch in einem abgelegenen Berghotel, zudem in einer touristisch verhältnismäßig unerschlossenen Gegend, die Annehmlichkeiten des städtischen Lebens geboten werden.

Eine Eigenheit des Hotels ist die klare Einteilung in verschiedene Gästeklassen, die in anderen realisierten Hotelentwürfen der Zeit nicht zu finden ist. Dabei wird die räumliche Trennung durch ein variierendes Farbkonzept verstärkt. Die Separation hätte ursprünglich noch wesentlich markanter sein sollen, bis hin zu getrennten Treppenhäusern, wie bereits im Kapitel zum Entwurfsprozess beschrieben wird. Der Grund für diese Unterscheidung muss auch aus politischer Sicht betrachtet werden, ist doch der zu dieser Zeit in Italien vorherrschende *razionalismo* stark mit den Idealen des Faschismus verknüpft. Im Gegensatz zu anderen Bewegungen der Moderne, beispielsweise dem deutschen Bauhaus, bei der die Bindung an demokratische Ideen der Gleichberechtigung eine

138 O.A., Un nuovo albergo, un nuovo stupendo centro turistico italiano, in: Domus, Nr. 121, 1938, S. 10.
139 Tartarotti, 1993, TC: 00.22.15 – 00.23.22.
140 Bolzoni, 2000, S. 15.

große Rolle spielt, wird die Klassentrennung hier betont und nimmt somit eine Sonderstellung ein.[141] In diesem Sinn wird die Gleichstellung verschiedener gesellschaftlicher Schichten bewusst vermieden.

Die Gästekategorien

„Dem Hotel waren verschiedene Funktionen zugedacht: die des Luxushotels als urbaner Mikrokosmos mit infrastrukturreller Rundumversorgung, aber auch die eines Sporthotels für Bergtouristen und Alpinisten. [...] So scheint der Hotelbau ein exemplarisches Beispiel für die Ausprägung der italienischen Moderne zu sein, die nicht an den sozialen Gedanken und an ein demokratisches Bewusstsein gebunden war, sondern eine Allianz mit der faschistischen Diktatur einging.“[142]

Die Trennung der Gästekategorien ist mit Ausnahme des Erdgeschosses in allen Stockwerken deutlich sichtbar. Der Schiraum, die Garderobe, der Massageraum und die Taverne werden von allen Gästen gleichermaßen genutzt. Die Taverne dient, laut Aussage eines ehemaligen Gastes, auch als gemeinsamer abendlicher Treffpunkt, allerdings nur bis 22 Uhr, um die Nachtruhe der Bergsteiger nicht zu stören.[143] In dieser Beschreibung kommt der Aspekt der Schutzhütte wieder zum Vorschein. Dabei ist die Taverne in den Plänen nicht eingezeichnet, sondern kleiner gehalten und mit dem Hinweis *„ristorante guide“* (Bergführerrestaurant) versehen. Dass der Bereich von Anfang an, oder sehr kurz nach der Eröffnung angepasst wird, ist durch ein Anfang 1938 veröffentlichtes Foto belegt (Abb. 51). Weiters sind im Erdgeschoss die Küche mit den Nebenräumen, Personalzimmer und die Wäscherei untergebracht.

Die gemeinsam genutzte Treppe führt in den Vorraum im ersten Obergeschoss. Direkt gegenüber des Treppenaufgangs befindet sich das Restaurant der *turisti*, westlich davon der Eingang und die Rezeption. Vorbei an der Rezeption, dem Verteilerzentrum, befinden sich die Zugänge zum Restaurant der *villeggianti* und die Bar (Abb. 52). Bei der Bar ist anhand der Bezeichnung allein nicht klar, ob sie einer bestimmten Klasse zugesprochen wird. Die Lage im Gebäude lässt dies aber vermuten, da der westliche Teil überwiegend den *villeggianti* vorbehalten ist. Das Restaurant der *villeggianti* ist wesentlich größer und verfügt über Zugänge zur Terrasse und zu den angrenzenden Aufenthaltsräumen. Die Terrasse ist nur über

141 Moroder, 1993, S.239 – 241.

142 Reiterer, Gabriele, Der Traum vom Paradies. Gio Pontis Hotel in den Bergen des Valmartello, in: Neue Zürcher Zeitung, (07.12.1998), (20.09.2021), URL s. Quellenverzeichnis.

143 Tartarotti, 1993, TC: 00.19.00 – 00.22.00.

den Gästetrakt und die außen liegenden Treppen zugänglich und kann somit ebenso als Bereich der *villeggianti* bezeichnet werden.

Der Klassenunterschied zwischen den nebeneinanderliegenden Restaurants wird bei Betrachtung von Fotos der Räumlichkeiten deutlich: Das Restaurant der *turisti* ist einfach gehalten und entspricht dem Niveau einer Schutzhütte. Man beschränkt sich bei der Einrichtung auf Hocker und einfach zusammen geschobene Tische, die mit einem Tischset, Besteck und einem Blumenstrauß gedeckt sind (Abb. 54). Im Kontrast dazu steht die Einrichtung des Raumes im Flügel für die *villeggianti*, der mit weißen Tischdecken und aufwändig gefalteten Servietten ausgestattet ist – ein Anblick, den man eher im städtischen Umfeld vermuten würde. Dennoch besteht eine visuelle Verbindung zwischen den beiden Bereichen, die durch zwei Fenster hergestellt wird.

Der Aufenthaltsbereich und das Kaminzimmer sind nur über das Restaurant oder die Bar zugänglich. Auch diese Räume sind über mehrere Fenster visuell miteinander verbunden. Im Osttrakt befinden sich bereits die ersten fünf Zimmer für *turisti*, der Friseur (Abb. 55) und die Direktion mit dazugehörigem Schlafzimmer. Ein Stockwerk höher, in einem kleinen Vorraum mit zwei Türen, wird die Trennung zwischen *turisti* und *villeggianti* abermals deutlich gemacht. Der Gang zieht sich in beiden Stockwerken nördlich der mittig liegenden tragenden Wand längs durch das Gebäude, unterbrochen von der obligatorischen Trennwand zwischen den Klassen, und wird über ein am Ende liegendes Fenster, beziehungsweise einen Balkon im Touristentrakt, natürlich belichtet. Im östlich gelegenen Trakt für die *turisti* befinden sich elf Zimmer, die südlichen verfügen über eine Fläche von etwa 12 m² und sind jeweils mit zwei Stockbetten ausgestattet, die nördlichen sind mit etwa 5,80 m² kleiner gehalten und nur mit einem Stockbett eingerichtet. Für den gesamten Trakt stehen zwei WCs und ein Badezimmer, das mit einer Dusche ausgestattet ist, zur Verfügung.

Im Westen werden ebenfalls elf Zimmer geplant, auch hier sind die südlichen Zimmer größer. Die Größe variiert dabei von 7,0 m² für ein Einzelzimmer bis hin zu 21 m² für das größte mit integriertem Badezimmer. Im Gegensatz zur Kategorie der *turisti* werden hier auch innerhalb des Traktes verschiedene Zimmertypen angeboten: zwei verfügen über Balkone und ein privates Bad, zwei weitere sind familienfreundlich über eine

Abb. 51 Taverne, 1938
Abb. 52 Bar, 1937
Abb. 53 Gästerestaurant, 1937
Abb. 54 Touristen-Restaurant, 1937

Das Hotel 1937

Verbindungstür gekoppelt und ebenfalls mit einem Balkon ausgestattet. Außerdem werden hier Einzel-, Doppel- und Zweibettzimmer angeboten. Für die Zimmer ohne privaten Sanitärbereich sind zwei Badezimmer mit Badewanne und ein WC vorgesehen. Direkt nach dem Zugang zum Trakt der *villeggianti* befindet sich außerdem ein Zimmer für das Etagenpersonal, sodass eine Rundumversorgung der Gäste garantiert werden kann.

Im 3. Obergeschoss ist die Ostseite ident mit der des unteren Stockwerks. Da die Neigung des Pultdaches hier eine Fortführung der Treppe in das Dachgeschoss nicht erlaubt, wird diese versetzt. Das Personalzimmer wird dadurch kleiner, die Sanitärbereiche verschieben sich, wodurch die *villeggianti* über ein Zimmer weniger verfügen. Im Gang der *villeggianti* wird die Untersicht der Treppe durch einen Bogen versteckt. Eine Gemeinsamkeit aller Zimmer in beiden Trakten ist ein Waschbecken mit Kalt- und Warmwasseranschluss.

Im Dachgeschoss wird die Erschließung südlich der tragenden Strukturen angeordnet, was zur Folge hat, dass sich die 13 südlich orientierten Zimmer auf eine Fläche von etwa 8m² verkleinern. Nordseitig sind zwei große Räume erkennbar, die auf den Plänen allerdings unmöbliert sind. Das westliche Zimmer wird hier mit einem handschriftlichen Hinweis als „*camerone*" (Bettenlager) ausgewiesen. Außerdem befindet sich in den Unterlagen des CSAC ein Foto dieses Raums, auf dem zehn Stockbetten erkennbar sind. Durch die Krümmung des Raumes kann dieser im Westtrakt lokalisiert werden (Abb. 61). Über die Nutzung gibt es verschiedene Quellenangaben, die einen sprechen von der „dritten Gästekategorie", den *alpinisti* (Bergsteigern), während andere die Räumlichkeit als Zimmer für das Personal bezeichnen.[144] In der sehr detailreichen Veröffentlichung in der *edilizia moderna* wird es als ersteres beschrieben[145], außerdem spricht das auf dem Foto an der abschließenden Wand sichtbare Streifenmuster für die Unterbringung einer weiteren Gästekategorie, da Personalzimmer in der Regel musterlos ausgeführt sind. Allerdings wäre es durchaus auch möglich, dass das zweite Bettenlager den Angestellten vorbehalten ist.

Über die Kategorie der südlichen Zimmer können mangels spezifischer Angaben nur Vermutungen geäußert werden. Die fehlende räumliche Trennung und der gemeinsame Gang mit den *alpinisti* sowie die geringe Anzahl an sanitären

144 Bolzoni, 2000, S. 72.

145 Masera, 1938, S. 19.

Das Hotel 1937

Einrichtungen mit nur einem Bad und zwei WCs lassen vermuten, dass es sich um Zimmer für *turisti* handelt. Außerdem ist nicht klar erkennbar, ob es dabei um Einzelzimmer geht oder ob diese Räume ebenfalls mit Stockbetten versehen sind.

Laut einem Prospekt aus dem Jahr 1937 verfügt das Hotel zum damaligen Zeitpunkt über 157 Betten: 5 Touristenzimmer mit 14 Betten im 1. Obergeschoss, 11 Touristenzimmer mit 34 Betten und 11 Gästezimmer mit 20 Betten im 2. Obergeschoss, 11 Touristenzimmer mit 34 Betten und 10 Gästezimmer mit 19 Betten im 3. Obergeschoss und 13 Zimmer mit 14 oder 28 Betten sowie 1 bis 2 Bettenlager mit 20 bis 40 Betten im Dachgeschoss.

Als weitere Kategorie kann das Personal genannt werden, für deren Unterbringung aufgrund der abgelegenen Lage des Hotels auch gesorgt werden muss. Diese Unterkünfte befinden sich gemäß Plänen im Erdgeschoss, wobei, wie bereits erwähnt, eine Schlafmöglichkeit im Dachgeschoss nicht ausgeschlossen werden kann. Im Erdgeschoss handelt es sich um 2 bis 3 Zimmer, ausgestattet mit mehreren Hochbetten, jeweils einem Waschbecken aber ohne eigenes Badezimmer, was eine gemeinsame Nutzung der Sanitäranlagen mit den Hotelgästen zur Folge hat.

Insgesamt steht der luxuriösen Ausstattung des Hotels die reduzierte Anzahl an sanitären Einrichtungen gegenüber. Schon 1938, in der gleichen Ausgabe in der Paolo Masera das *Hotel Paradiso* präsentiert, schreibt der damalige Präsident der *Federazione Nazionale Fascista Alberghi e Turismo* Cesare Pinchetti, dass Hotelzimmer gehobener Klasse ein privates Bad inklusive WC aufweisen sollten.[146] In dieser Hinsicht nimmt das Hotel von Gio Ponti mit seiner Mischung aus Hotel und Schutzhütte allerdings eine Sonderstellung ein.

Das Farbkonzept

Folgendes Zitat von Gio Ponti in der Publikation *Amate l'architettura* spiegelt den hohen Stellenwert von Farben in den Werken des Architekten wider: *„Im Raum ist eine weiße Decke eine «Leere». Es braucht also farbige Wände, um den Raum zu «schließen»: und einen Boden in einer kräftigen Farbe, der sie betont. (Ein Raum ganz in weiß ist ein Kasten, keine Architektur)."*[147] Er verwendet die Farbe als raumbildendes Element und als elementaren Teil des Ganzen. Diese Liebe zur Farbe ist in seinem gesamten Werk ablesbar. Schon in frühen

146 Pinchetti, 1938, o. S.

147 Ponti, Gio, Amate l'architettura. L'architettura è un cristallo, Genua 1957, Zitat s. Anhang, Originale Zitate italienisch, S. 182.

Hotel Valmartello al Paradiso – Geschichte eines Kunstwerks

Ausgaben seiner Zeitschrift *Domus*, damals passend mit dem Untertitel *L'arte nella casa* (Die Kunst im Haus) herausgegeben, werden immer wieder Bilder und Grafiken veröffentlicht, die den Lesern diese Affinität vermitteln sollen, allerdings nicht ohne dabei auf die Farbigkeit der Antike zu verweisen.[148]

Im *Hotel Paradiso* wird dieses Credo bis ins kleinste Detail zelebriert. Kein Raum, und sei es ein Nebenraum, bleibt gänzlich ohne Farben. Die Decken, die Wände, die Böden, die Fenster- und Türlaibungen, die Möbel und die vorgesehenen Stoffe sind bunt. Die gewählten Putzfarben sind gelb, blau, rot und grün. Im Erdgeschoss überwiegt gelb an den Decken, kombiniert mit terrakottafarbenen Fliesen am Boden. In den ansonsten weiß verputzten oder verfliesten Räumen, wie der Küche oder der Wäscherei, sind beispielsweise die jeweiligen Geräte blau und auch im *office*, dem Serviceraum, werden die Möbel mit farbigem Linoleum verkleidet. Die Untersicht der Treppe wird über alle Stockwerke gelb gehalten, ebenso wie der dazugehörige Vorraum. Im ersten Obergeschoss zieht sich dieser Farbton im Gang im Osten sowie im Eingangsbereich, genauer an der Rückwand der Rezeption, weiter. Insgesamt fällt auf, dass klassenübergreifend genutzte Räume einfarbig gelb gehalten werden. Eine Ausnahme bildet das Restaurant erster Klasse, denn es ist der einzige Raum dieses Stockwerks, in dem zwei Putzfarben, gelb für den Hauptraum und rot für die zwei Nischen, kombiniert werden. Der Putz der restlichen Räume dieses Stockwerks ist unifarben.

Im Osttrakt des 1. Obergeschosses eröffnet sich das Farbkonzept der Zimmer der *turisti*. Die Decken werden auch hier abwechselnd in den vier Hauptfarben verputzt, wobei die Färbung der Fensterlaibung jener der Decke entspricht. In einer Skizze werden die Zimmerfarben passend zu den Haarfarben der Gaste gewählt: gelb für die Braunhaarigen, grün für Männer, rot für Schwarzhaarige und blau für Blondinen. Laut den zusätzlichen Anmerkungen auf dieser Skizze hätte Ponti, übereinstimmend mit der Skizze eines Touristenzimmers, das Farbkonzept sogar noch weiter verfolgt: *„Bei farbiger Decke und weißen Wänden soll die Untersicht des Bettes weiß sein, und dessen Wände farbig, bei einer weißen Decke und farbigen Wänden soll die Bettuntersicht farbig sein und dessen Wände weiß."*[149] Sinngemäß wären somit die Touristenzimmer zwar immer einfarbig, die Decken über den Stockbetten sollten bei einer farbigen Raumdecke aber weiß, bei farbigen Wänden

148 Ponti, 1933, S. 25.

149 Ponti, Gio, Quattro colori per i turisti, CSAC – Centro Studi e Archivio della Comunicazione dell'Università di Parma, Fondo Gio Ponti, Tav. 108, Zitat s. Anhang, Originale Zitate italienisch, S. 182.

jedoch bunt sein. Diese Idee wird jedoch letztendlich nicht verwirklicht. Farbig verputzt sind ausschließlich die Decken ohne
die besagten weißen Aussparungen oberhalb der Betten. Die
Gänge der *turisti*, die Türlaibungen und -stöcke werden
in allen Stockwerken gelb gehalten. Sanitärräume sind klassenübergreifend einfarbig gelb, ebenso wie die dem Personal zu-
gewiesenen Räume.

In den Zimmern der *villeggianti* im 2. und 3. Obergeschoss werden zusätzlich zu den Farben Muster aufgetragen.
Diese befinden sich entweder an der Decke, in diesen Fällen
bleiben die Wände großteils weiß, oder – bei weißen Decken
– an den Wänden. Die Fensterlaibungen sind weiß, wenn die
Wände farbig sind oder nehmen die Farbe, nicht aber das
Muster, der Decke auf. Zwischen den Zimmern werden zwar
die Muster wiederholt, nicht aber die Farben, sodass schlussendlich jedes der Zimmer einzigartig ist. Die Gänge der *villeggianti* werden mit Streifenmustern versehen, das im 2. Obergeschoss blau und senkrecht zum gebogenen Gang und im 3. rot
und diagonal verläuft, wodurch die Krümmung des Gebäudes
eine weitere Betonung erfährt. Die Farben basieren auf den
gleichen Grundfarben wie bei den Räumen der *turisti* bereits
beschrieben wurde, allerdings in helleren und dunkleren
Nuancen. Damit ist das Farbenspiel aber nicht beendet. Auf
Fotos ist außerdem erkennbar, dass im Trakt der *villeggianti*
Bettwäsche sowie Vorhänge ebenfalls gemustert und laut
Beschreibungen farblich abgestimmt zum jeweiligen Muster
sind.[150] Durch diese farblichen Eingriffe verändert sich die
Farbtönung und mit ihr die Raumwirkung je nach Tageszeit,
Wetter und Position an der Nord- oder Südseite. In diesem
Sinn hat der Architekt die Lebendigkeit der Räume, die er in
einem späteren Artikel als „charakteristisch für den italienischen Hotelbau" bezeichnet, schon durch die damalige Farbgebung realisiert. In einer *Domus*-Ausgabe aus dem Jahr 1939
schreibt er: „*Wir Italiener müssen die Fantasie in unseren
Textilien, den Mut zum Muster und zur Farbe, ausnutzen, um
die Räume, in denen wir das Gastgewerbe ausüben, charakteristisch, anziehend und lebendig zu gestalten.*"[151]
Auch die Linoleumböden sind laut der Beschreibung Maseras
farbig gestaltet, grün gestreift im Restaurant der *turisti*, braun
gestreift im Restaurant der *villeggianti* und im Aufenthaltsbereich, wiederum grün gestreift in der Bar, dunkel-rot im
Gang der *villeggianti* im 3. Stock und in einem Touristen-

---

150 Masera, 1938, S. 18.

151 Ponti, Gio, L'attrezzatura alberghiera e la produzione nazionale, in:
Domus, Nr. 138, 1939, S. 69, Zitat
s. Anhang, Originale Zitate italienisch,
S. 182.

Hotel Valmartello al Paradiso – Geschichte eines Kunstwerks

zimmer und rot im westlichen Bettenlager. Ob diese Farbangaben tatsächlich korrekt sind, beziehungsweise welche Farbe das Linoleum der übrigen Räume hatte, ist anhand des heutigen Zustands leider nicht mehr nachvollziehbar. Das Linoleum ist aufgrund des Alters und mangelnder Pflege sowie starker Verschmutzung verfärbt und erscheint heute großteils in einem Grauton.

Im letzten Geschoss kann, wie bereits erwähnt, die Klassenzugehörigkeit der südlichen Zimmer nicht sicher nachvollzogen werden. Da in diesem Geschoss bei der Erweiterung sämtliche Trennwände entfernt wurden, sind Farbreste nur noch an den Fensterlaibungen erkennbar. Die Grafiken zum Farbschema des Hotels (Abb. 92 – Abb. 96) im Kapitel *Pläne und Farbabbildungen / Das Farbkonzept* basiert auf diesen Farbresten und der oben begründeten Annahme, dass es sich um einfarbige Touristenzimmer handelt. Obwohl bei drei Zimmern keine Farbhinweise erkennbar sind, ist dennoch auffallend, dass keine roten Putzreste auffindbar sind. Die Vermutung, dass die Wände des westlichen Bettenlagers, ebenso wie der Linoleumboden, rot sein sollten, kommt durch eine Beschreibung in der *edilizia moderna* auf.[152] Dass hier, im Gegensatz zu den anderen Zimmern der zweiten Klasse, eine gestreifte Rückwand, also ein Muster, vorhanden sein sollte, kann einem Foto entnommen werden. Es ist anzunehmen, dass das Muster dem in den anderen Zimmern verwendeten Schema folgt. Bei der Kombination von flächiger Farbe und Mustern werden diese in der gleichen Farbe ausgeführt, womit es sich in diesem Fall um einen rot – weiß gestreiften Raum handeln würde.

Zusammenfassend kann das Farbkonzept folgendermaßen beschrieben werden: Es werden die Farben blau, grün, rot und gelb verwendet sowie verschiedene Nuancen dieser Farbtöne. Farbig verputzt sind entweder die Decken oder die Wände, Kombinationen gibt es nur vereinzelt. Die Fensterlaibungen folgen im Allgemeinen der Farbe der Decke des jeweiligen Raumes, bei Mustern sind sie mitunter auch weiß. Die Decken der Zimmer für die *turisti* sind unifarben, Muster finden sich hingegen in den Zimmern der *villeggianti*, in deren Gängen und im Bettenlager. Farblich homogen gehalten werden die Aufenthaltsbereiche und Restaurants im 1. Obergeschoss. Hier sind die Fensterlaibungen mit Holz verkleidet, Ausnahmen bilden lediglich das Kaminzimmer und die Bar.

152 Masera, 1938, S. 16 – 21.

Klassenübergreifend sind die Decken aller Sanitärräume gelb gefärbt, ebenso die von den verschiedenen Klassen gemeinsam genutzten Erschließungsbereiche, die Gänge der Gäste sowie die Personalzimmer.

Möbel und Materialien

„[…] das Hotelzimmer kann nicht einfach ein Schlafzimmer in einem Hotel sein, es ist eine Sache für sich. Diese Besonderheit kann realisiert werden über die Anordnung der Betten, nicht zentral, über den Bezug, der mehr an ein Sofa als ein Bett erinnert, über das durchdachte Design der Möbel (die besonderen Ansprüchen gerecht werden müssen), über die Größe und Anordnung der Sessel und über praktische (große) Tische, über die Größe des Teppichs neben dem Bett, etc. etc."[153] (Gio Ponti)

Bei der Recherche in den Skizzen zum Projekt fällt die Ausarbeitung bis ins kleinste Detail auf. Es existieren Skizzen zu verschiedenen Türen – die Tür zum Heizraum sieht beispielsweise anders aus als jene zum Schiraum – zu Fenstern, Lampen, Geländern, Einbaumöbeln und zu freistehenden Elementen. Sogar der Schriftzug des Hotels wurde entworfen.

In den folgenden Absätzen werden einige der Skizzen mit Fotos aus den Jahren 1937 bis 1941 verglichen, um darzustellen, welche Möbel tatsächlich realisiert wurden.

Zimmer Die Touristenzimmer sind alle mit denselben Stockbetten ausgestattet, die Maße hierfür basieren laut einer Notiz auf den Skizzen einer Vermessung der Betten im *Rifugio Borromeo*. Zu den südlichen und somit größeren Vierbett-Zimmern existieren drei Varianten (als H, I und M bezeichnet). Die Variante H, bei der sich die Betten in den jeweils gegenüberliegenden Ecken befinden, ist durchgestrichen und mit der Notiz *„annullato"* (annulliert) versehen. Bei den Varianten M (Abb. 62) und I werden die Betten in einer Linie aufgestellt, das Waschbecken und der Schrank befinden sich an der gegenüberliegenden Wand. Da sich die Waschbecken im Hotel in der Nähe der Fenster befinden, kann auch die Variante I ausgeschlossen werden.

Im Erdgeschoss befinden sich noch zwei Exemplare von Stockbetten die mit den Fotos übereinstimmen. Sie sind aus farblos lackiertem Holz, der Zustieg zum oberen Bett erfolgt über einfache am Bettende angebrachte Leitern. Ein bis an die Decke reichender Rahmen schließt die Betten nach oben

[153] Ponti, Gio, L'attrezzatura alberghiera e la produzione nazionale, in: Domus, Nr. 138, 1939, S. 70, Zitat s. Anhang, Originale Zitate italienisch, S. 182.

hin ab und dient der Befestigung von Vorhängen. Wandseitig bietet ein Regal eine kleine Ablagefläche. Als Kleiderschrank wird ein offener Kasten realisiert, für den Ponti sogar zwei verschiedene Arten von Kleiderhaken entwirft. Weiters erkennt man auf den Fotos, dass die Zimmer mit jeweils einem Schreibtisch mit dazugehörigem Stuhl ausgestattet sind. Das Waschmodul wird in allen Zimmern der *turisti* und der *villeggianti* gleich realisiert und die Wand wird durch einen hinter dem Waschbecken angebrachten Linoleumstreifen vor Feuchtigkeit geschützt.

Für die Zimmer der *villeggianti* entwirft Gio Ponti zur Individualisierung der Betten verschiedene Kopfteile. Außerdem sind laut der Skizzen zwei verschiedene Nachtkästchen geplant.

Der Boden der Zimmer wird in verschiedenfarbigem Linoleum ausgeführt, die Wände und Decken sind verputzt und bei den Möbeln kann auf die Frage der Holzwahl keine eindeutige Antwort gegeben werden, denn auf den Skizzen ist abwechselnd Tanne, Lärche, Eiche und Kastanie oder einfach nur „*legno*" (Holz) angegeben.

Bei den auf den Bildern erkennbaren Stühlen handelt es sich um dasselbe Modell, das auch in beiden Restaurants verwendet wird. In beiden Fällen erhalten die *turisti* Hocker und die *villeggianti* passende Stühle. Es handelt sich dabei um ein Modell, entworfen vom Künstler Emanuele Rambaldi, das schon 1933 als Ausstellungsobjekt der Triennale hochgelobt wird. Um wieder auf die Beschreibung Paolo Maseras zurückzukommen, sind die Chiavari-Stühle[154] im Hotel Paradiso rot lackiert, während der Bast weiß ist.[155]

Erschließung Für die Treppe und deren Geländer gibt es verschiedene Ideen und Entwürfe. Schließlich wird sie mit Tritt- und Setzstufen aus Holz ausgeführt, die teilweise noch heute erhalten sind, sich aber in einem schlechten Zustand befinden.

Das Geländer besteht aus weiß lackierten, in regelmäßigen Abständen gesetzten Holzstäben mit einem ebenfalls aus Holz gefertigten Handlauf. Mit der Notiz „*ogni tanto una in ferro*" (ab und zu einer in Eisen) merkt Gio Ponti an, dass ab und zu ein Holzstab durch einen aus Metall ersetzt werden soll. Damit wird wieder ein festgelegtes Schema durch eine Ausnahme aufgelockert. Ob die Idee der Metallstäbe tatsächlich realisiert worden ist, kann leider nicht mehr bestätigt werden, da das Geländer vollständig entfernt worden ist.

154 Die Stühle wurden nach der gleichnamigen ligurischen Stadt genannt, in der sie ursprünglich entstanden sind. Die Sitzfläche wird aus Bast geflochten. Einer von Gio Pontis bekanntesten Möbelentwürfen, der Stuhl „Superleggera", ist in dieser Ausführung nach wie vor erhältlich.

155 Masera, 1938, S. 16 – 21.

Restaurants und Aufenthaltsräume In beiden Restaurants befinden sich keine Einbaumöbel, lediglich Tische und Stühle, wobei es sich bei den Stühlen um dasselbe Modell handelt, wie in den Zimmern. Die nicht befestigten Möbel sind im Laufe der Jahre des Leerstands aus dem Gebäude verschwunden.

Die Tische werden von Gio Ponti entworfen. Für den Aufenthaltsraum (Abb. 65) und das Kaminzimmer (Abb. 63 und Abb. 64) werden verschiedene Varianten skizziert wie beispielsweise ein Klapp- und ein Spieltisch.

Laut handschriftlichen Notizen sollen die Sitzmöbel teilweise in Mailand nach Maß gefertigt und die Einbaumöbel, wie beispielsweise die Sitzbänke vor dem Kamin, vor Ort hergestellt werden. Die Wände des Kaminzimmers werden mit Holzleisten verkleidet, um sie vor dem Rauch zu schützen.[156] Die Leisten sind in Teilen bis heute erhalten.

Bar Die Innenausstattung der Bar ist mitunter am Besten dokumentiert, wohl auch, da der gesamte Raum in der Krümmung des Hotels liegt, und es sich dementsprechend um Maßanfertigungen handelt. Der Tresen ist außerdem noch heute erhalten.

Die Abb. 89 zeigt eine Rekonstruktion der Räumlichkeit mitsamt Möblierung und Farbgebung, um einen Eindruck vom Raum zu erhalten, wie er sich 1937 präsentiert. Die Maße dafür wurden den Skizzen, die Positionierung der Möbel alten Fotografien und die Farben der Beschreibung Paolo Maseras entnommen.[157] Um welches Holz es sich bei der Möblierung handelt, kann nicht mit Sicherheit gesagt werden. Beim Tresen wird auf einer Skizze die Verwendung von Kastanienholz notiert.

Fenster und Türen Vor allem zu den Türen existieren verschiedene Entwürfe. Dabei wechselt das Design mit den jeweils dahinter verborgenen Funktionen. So existieren verschiedene Entwürfe für die Tür zur Taverne, zum Zugang des Heizraums sowie des Schiraums. Das am häufigsten zum Einsatz kommende Modell ist die *porta tipo A* (Türtyp A), die für Zimmertüren, Nebenräume, Personalräume und die Sanitärzellen verwendet wird. Aufgrund der klaren Linie der Fassade gibt es bei den Fenstern weniger verschiedene Modelle, wobei Sonderfälle, wie beispielsweise das große Fenster zum Schiabstellraum unterhalb der Terrasse, gesondert entworfen werden. Auf einer Zeichnung zu den regulären Fenstern findet

156 Masera, 1938, S. 17.
157 Masera, 1938, S. 16 – 21. Abbildung auf S. 102

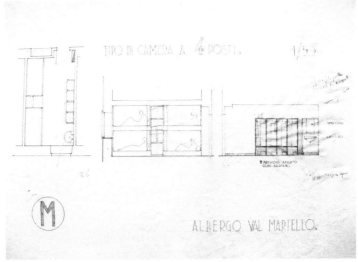

sich interessanterweise die Skizze eines Fenstergriffs mit dem Hinweis *„maniglia Monte Pana"* (Klinke Monte Pana), was darauf hindeuten könnte, dass Ponti sich im Vorfeld das Hotel Monte Pana von Franz Baumann angesehen hat und sich bei seinem Entwurf darauf bezieht.

Lampen Gio Ponti entwirft im Sinne des Gesamtkunstwerkes auch die Belichtungselemente selbst. Die Deckenlampe für den Schiraum besteht aus einem runden, weiß lackierten Holzrahmen und einfachen Metallstäben. Die Lampe wird mit einer Metallkette abgehängt. Eine dieser Leuchten ist noch heute erhalten.

Ebenso entworfen wurden die Wandleuchten auf der Terrasse, die leider entfernt worden sind. Auf alten Fotos ist erkennbar, dass sie in regelmäßigen Abständen entlang der Linie zwischen Sockel- und Fassadenputz montiert worden sind.

Schiraum Auch im Schiraum spielen Farben eine große Rolle. Auf dem ersten Entwurf wird das Abstellmöbel für die Schi noch in den Farben grün und gelb dargestellt. Außerdem sollten die Wände braun sein und auf dem Boden gelbe Steinfliesen verlegt werden. Später wird das Möbel gelb – rot dargestellt. Die Wände werden schlussendlich, wie alle von den verschiedenen Klassen gemeinsam genutzten Räume, gelb verputzt. Die runden Ständer mit dem kugelförmigen Aufsatz können als eine neoklassizistische Anspielung Gio Pontis gelesen werden.

Die Aufstockung und der Zubau 1952

Fertigstellung Fassade: 1952
Fertigstellung Innenräume: nie
Bauherr: Arnaldo Bennati
Eröffnung: nie | **Architekt:** unbekannt | **Höhe:** 22,00 m | **bebaute Fläche:** 1.054 m² | **Hotel:** 667 m² | **Garage:** 387 m² | **Kubatur:** 14.660 m³ | **Hotel:** 12.938 m³ | **Garage:** 1.722 m³ | **Stockwerke:** 5 Geschosse, 1 Dachgeschoss

Im Jahr 1952 wird das *Hotel Paradiso* erweitert, nachdem es kurz zuvor von dem venezianischen Reedereibesitzer und Geschäftsmann Arnaldo Bennati gekauft worden war.[158] Außerdem kauft der Inhaber des Hotels *Bauer-Grünwald* in Venedig das alte *Hotel Bristol* in Meran, das er abreißen und an demselben Ort einen neuen Hotelkomplex errichten lässt. Das neue *Hotel Bristol* wird 1954 eröffnet und verfügt über

[158] Denti, Giovanni, Chiara, Toscani, Gio Ponti. Albergo Paradiso al Cevedale, Florenz 2011, S. 3.

137 Zimmer sowie 20 Luxussuiten. Geplant wird es vom venezianischen Schiffsarchitekten Marino Meo und gilt zu dieser Zeit als eines der modernsten Hotels Europas. Das mittlerweile leider abgerissene Gebäude war vor allem für sein Schwimmbad am Dach bekannt. Auf dem Dach des *Bristol* sollte außerdem ein Hubschrauberlandeplatz eingerichtet werden, um die Hotels in Venedig, Meran und Martell mit einem Shuttledienst zu vernetzen. Allerdings erhält Bennati keine Fluggenehmigung für das Martelltal und die Straße dorthin wird auch nicht seinen Wünschen entsprechend ausgebaut, womit dieser Plan im Sande verläuft.[159]

Wann genau mit dem Um- und Ausbau des *Hotel Paradiso* begonnen wird, wer der beauftragte Planer ist und wie die Grundrisse der Zimmer aussehen sollten, ist leider nicht bekannt, da keinerlei Planunterlagen dazu ausfindig gemacht werden konnten. Die Idee einer Verbindung mit dem *Hotel Bristol* und dem *Hotel Bauergrünwald* mit einer Helikopterlinie lässt vermuten, dass auch das *Hotel Paradiso* insgesamt wesentlich luxuriöser werden sollte. Celio Bottega, ein Verwalter Bennatis, stellt jedoch die Vermutung auf, dass der Geschäftsmann das Hotel vor dem Kauf nur von Fotos kannte und auch kaum konkrete Pläne für den Ausbau hatte. Für ihn sei das Bauen ein Hobby, ein Spiel. Er hätte erst spät erkannt, dass ein Hotel dieser Dimension, das nur in den Sommermonaten Gäste anziehe, kaum rentabel sein könne, weshalb die Arbeiten auch nie vollendet worden wären.[160]

Im Zuge der Erweiterung wird die Dachoberkante des bereits bestehenden Gebäudes um 3,4 Meter (von 18,60 Meter auf 22,00 Meter) angehoben. Dadurch wird ein Stockwerk gewonnen. Den Abschluss bildet wiederum ein Pultdach, nur die Neigung wird im Vergleich zum vorherigen Dach minimal verändert. Die Aufstockung passt sich hinsichtlich der Fensterachsen sowie der Positionierung der Balkone an den Raster des Bestandes an. So werden im 3. und 4. Obergeschoss ebenfalls Balkone errichtet. An der Südseite des 1. Obergeschosses werden die vier kleinen Fenster des ehemaligen Traktes für die *turisti* durch zwei größere Fenster ersetzt, die dem Muster jener der Speisesäle und des Aufenthaltsraumes folgen. Außerdem wird die Terrasse verlängert, die bei Gio Pontis Version mit der Zugangstreppe endet und sich nun fast über die ganze Länge der Fassade zieht und etwa 5 Meter vor dem Hauseck endet, sodass der Zugang zur Taverne nun überdacht ist.

159 Rösch, 2012, o. S.

160 Tartarotti, 1993, TC: 00.50.40 – 00.56.80.

Östlich wird ein ebenfalls sechsgeschossiger Zubau errichtet. Die Anbindung an den Bestand erfolgt über die ehemaligen Balkontüren am Ende des Ganges des Touristentrakts. Der Zubau wird etwas versetzt zur Südfassade des Bestandsgebäudes errichtet (Abb. 68). Von dem aus südwestlicher Richtung kommenden Forstweg gesehen, wird er durch den konvex geschwungenen Trakt des Bestandsgebäudes verborgen. Die südliche Fassade des Zubaus wird, abgesehen vom Dachgeschoss, ebenfalls mit einem Balkon pro Geschoss versehen während die Ostseite ohne Balkone bleibt (Abb. 68). Die Fensterpositionierung des Zubaus hingegen folgt dem klaren Raster Gio Pontis nicht, der Abstand zwischen den Fenstern variiert. Der Zubau wird ebenfalls mit einem Pultdach versehen.

Nördlich wird ein mit dem Zubau verbundener eingeschossiger Garagentrakt errichtet, sodass der Gebäudekomplex eine U-Form mit einer daraus resultierenden Innenhofsituation bildet (Abb. 66).

Insgesamt wird die Kubatur des Hotels mehr als verdoppelt, von knapp 7.000 auf etwas über 14.600 Kubikmeter. Im Zuge der Umbauarbeiten wird das Hotel rot gestrichen. Lediglich das Erdgeschoss, bis zur Höhe der Terrasse und ein Teil der hofseitigen Fassade werden weiß verputzt (Abb. 66 und Abb. 67). Die Fensterläden sind bei weißem Putz rot und bei rotem Putz weiß gestrichen. In Bezug auf die Fensterläden kann nicht mit Sicherheit bestimmt werden, ob diese vorher auch farblich abgestimmt waren, also teilweise grün, oder in der natürlichen Farbe des Holzes gehalten wurden.

Die Innensituation des Bestandsgebäudes wird bis auf wenige Ausnahmen baulich nicht verändert. Im 2. Obergeschoss werden die Trennwände zwischen zwei Zimmern sowie die Wände zu den Sanitärräumen abgebrochen (Abb. 69). Im 3. Obergeschoss werden aufgrund der Aufstockung die Treppe ins ehemalige Dachgeschoss und die Trennwände zum Personalzimmer und zu zwei WCs abgebrochen. Zur Erschließung der oberen Geschosse wird die Haupttreppe fortgesetzt. Im 4. Obergeschoss, dem ehemaligen Dachgeschoss, wird die Aufstockung sichtbar. Im Zuge der Arbeiten werden sämtliche Trennwände entfernt, deren ehemalige Positionierung noch heute im Bodenaufbau abgelesen werden kann. An den südseitigen Wänden sind in den Fensterlaibungen noch Farbreste erkennbar. Die beiden runden Fenster an den Enden der Gänge werden verschlossen, westlich wird ein neues eingebaut

Abb. 66 Die durch den Zubau und die Garage entstehende Innenhofsituation
Abb. 67 Blick von der Nordseite auf den Zubau und die Garage
Abb. 68 Zurückspringender Zubau mit den südseitigen Balkonen, Ostseite ohne Balkone
Abb. 69 Spuren der entfernten Trennwände

Die Aufstockung und der Zubau 1952

und östlich wird eine Öffnung zur Erschließung des Zubaus geschaffen. Das 5. Obergeschoss zeigt sich als Rohbau. In der Aufstockung des Bestandsgebäudes wird hier im südlichen Teil eine Decke eingezogen, wodurch ein Dachraum gebildet wird, der über schmale Fenster belichtet wird. Die einzige Möglichkeit einen Blick in diesen Raum zu werfen, bietet eine inzwischen marode Leiter. Über dem Treppenkern wird das Dach zusätzlich erhöht, was vermutlich auf einen geplanten Aufzug hindeutet.

Der Zubau folgt mit den mittig liegenden Stahlbeton-stützen (Abb. 70 und Abb. 72) und den Außenwänden aus Ziegeln dem System des Bestandes, unterbietet jedoch mit seinen knapp 10 Metern Tiefe den bereits sehr schmalen Bau Pontis um weitere 35 Zentimeter. Obwohl jedes Geschoss über eine Tür mit dem Hauptbau verbunden ist, verfügt der Zubau über separate Treppen. Diese Erschließung befindet sich neben dem Zugang zum Haupttrakt. Im Dachgeschoss wird hofseitig außerdem eine lange, schmale Öffnung auf Bodenniveau ein-geplant (Abb. 71). Die Positionierung des Zubaus liegt ungünstig, da die Zimmer nur in östliche Richtung, wo der Hang bereits steil ansteigt, oder westlich, mit Sicht auf den Innenhof und verschattet vom Haupttrakt, belichtet werden können. Diese Tatsache sowie die Position der Erschließung und die geringe Tiefe des Gebäudes dürften die Planung eines Hotels, dessen Zimmer dem Standard eines *Hotel Bristol* oder *Bauer-Grün-wald* entsprechen sollten, schwierig machen. Das wiederum unterstreicht die Aussage Celio Bottegas über einen unbedach-ten Bau.

Die Aufstockung, der gesamte Zubau sowie auch der Garagentrakt befinden sich im Inneren auf dem Stand eines Rohbaus. Die Decken und Wände sind unverputzt und die Zwischenwände fehlen. Lediglich die Fenster sind eingesetzt, wobei auch hier einige fehlen. Diese entsprechen dem Muster der Kastenfenster des Bestands und auch die außenliegenden Fensterläden stimmen mit den bestehenden überein. Die Fens-ter im Zubau sind – im Gegensatz zu den bis auf die Sanitär-bereiche und andere wenige Ausnahmen farblos lackierten Rahmen – weiß gestrichen.

Im Bestand, vor allem in den Zimmern, in denen Ver-änderungen vorgenommen werden, wird der Bauschutt häufig nicht entfernt, so beispielsweise in den Zimmern im ersten Obergeschoss, in denen auch die Fenster vergrößert worden

Abb. 70 Entfernte Trennwände im 4. OG

Abb. 71 Blick Richtung Innenhof durch die Öffnung im 5. OG des Zubaus

Abb. 72 Mittig liegende Stahlbeton-stützen im 2. OG des Zubaus

Abb. 73 Niemals entfernte Aufstän-derung der Treppe im 4.OG

Abb. 74 Zubau 3. OG, Treppe und Zugang zum Haupttrakt

Abb. 75 Treppenvorraum im 3. OG, Trennwände wurden teilweise entfernt

Die Aufstockung und der Zubau 1952

sind. Im 3. Obergeschoss werden die im Zuge der Aufstockung angebrachten Holzstützen zur Abfangung der Decken nach Abschluss der Arbeiten nicht wieder entfernt. In einigen Zimmern, ebenfalls im 3. Obergeschoss, sind außerdem an den Decken mithilfe von Stahlbändern abgehängte Holzbalken sichtbar. Im darüber liegenden Stockwerk ist an einer Stelle ein Stahlband erhalten, das mit dem Stahlbetonunterzug verbunden ist. Das lässt die Vermutung aufkommen, dass während der Bauarbeiten die Decken punktuell am Unterzug abgehängt wurden, um den Bestand zu stabilisieren.

Laut dem Verwalter Bottega stehe das Hotel seit 1955 oder 1956 leer.[161] Da keine Informationen auffindbar sind, die eine vorübergehende Inbetriebnahme bestätigen und aufgrund der nie vollendeten Bauarbeiten, kann vermutet werden, dass das Gebäude seit dem Konkurs und somit bereits seit 1946 leersteht. Noch einmal 10 Jahre später, im Jahr 1966, wird das Hotel von dem Unternehmer Alois Fuchs gekauft. Der Inhaber der *Brauerei Forst*, in dessen Familienbesitz das Bauwerk noch heute ist, hatte damals ebenfalls Pläne, das Hotel wieder in Betrieb zu nehmen. Diese scheitern jedoch an der schlechten Infrastruktur sowie der Erneuerung der Brücke.[162] Laut einer Aussage aus dem Jahr 2015 wird nichts mehr verändert. Mittlerweile wird das Hotel einmal jährlich nach Ende des Winters begangen, um eventuelle grobe Schäden provisorisch zu beheben, wie etwa undichte Stellen am Dach. Außerdem werden die Zugänge regelmäßig neu verbarrikadiert, da sie immer wieder von ungebetenen Besuchern aufgebrochen werden, die das Hotel von Zeit zu Zeit illegal besichtigen.[163]

Abb. 76 Hotel Paradiso im Spätsommer 2014

161 Tartarotti, 1993, TC: 00.46.38 – 00.47.15.

162 Tartarotti, 1993, TC: 00.57.10 – 00.58.15 und 01.02.20 – 01.02.37.

163 Gedächtnisprotokoll zum Gespräch mit Herrn Dr. Walter Unterthurner, technischer Leiter der Brauerei Forst, bei einer gemeinsamen Begehung des Hotel Paradiso am 14.05.2015.

Die Aufstockung und der Zubau 1952

Pläne und
Farbabbildungen

Farben in früheren
Werken Gio Pontis

Farben in früheren Werken Gio Pontis

Das Hotel 1937

Abb. 80 Axonometrie des Bauwerks
in Originalfarbe 1937
Abb. 81 Axonometrie der
Erweiterung
Abb. 82 Werbung für das Hotel,
1937

Pläne und Farbabbildungen

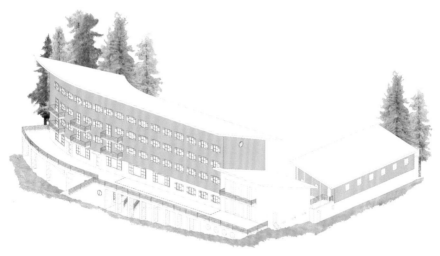

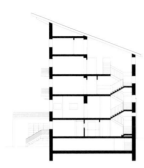

84

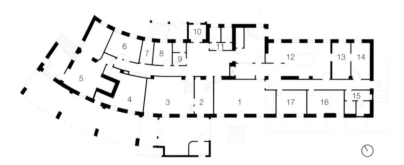

1 Taverne

2 Garderobe

3 Schiraum

4 Heizraum

5 Wäscherei

6, 16 – 17 Personal

7, 9, 11 WC

8 Massageraum

0 Schiwachsraum

2 Küche

3, 14, 15 Nebenräume

85

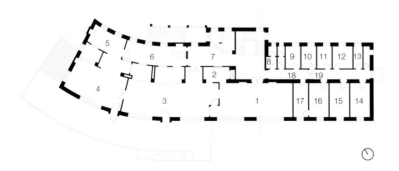

1 Touristen-Restaurant

2 Office

3 Gäste-Restaurant

4 Aufenthaltsraum

5 Kaminzimmer

6 Bar

7 Vorraum / Rezeption

8 WC

9 Friseur

10 – 12, 14 – 15 Touristenzimmer

13 Bad und WC

16 Direktorenzimmer

17 Direktion

18 öffentlicher Gang

19 Touristen-Gang

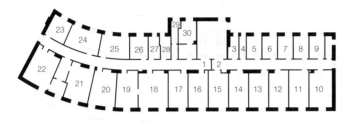

1 Gäste-Gang
2 Touristen-Gang
3 – 4 WC
5 – 9 Touristen-Zimmer
10 – 15 Touristen-Zimmer
16 – 26 Gäste-Zimmer
27 – 28 Badezimmer
29 WC
30 Etagenpersonal

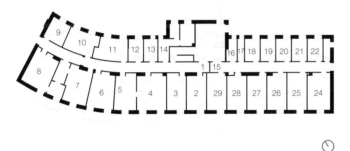

1 Gäste-Gang
2 – 11 Gäste-Zimmer
12, 13 Badezimmer
14 Etagenpersonal
15 Touristen-Gang
16, 17 WC
18 – 22 Touristen-Zimmer
24 – 29 Touristen-Zimmer

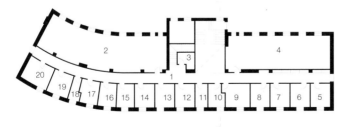

1 Gang
2 Bettenlager (Bergsteiger)
3 Abstellraum
4 Bettenlager (Bergst. / Personal)
5 – 9 ev. Touristenzimmer
10 Bad
11 WC
12 – 17 ev. Touristenzimmer
18 WC
19 – 20 ev. Touristenzimmer

Das Farbkonzept

Abb. 89 Schematische Darstellung
der Bar, wie sie 1937 gewirkt haben
könnte
Abb. 90 Gio Ponti, Skizzen für das
Farbkonzept der Touristenzimmer
Abb. 91 Gio Ponti, Farbschema in
einer Domus-Ausgabe

89

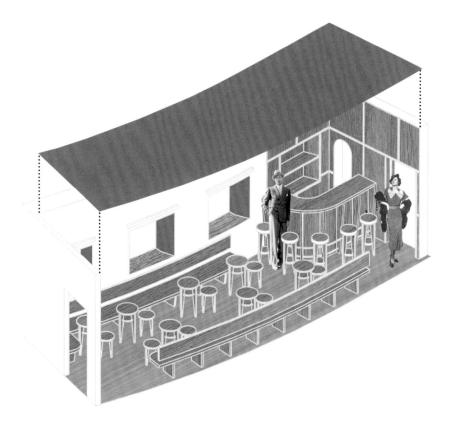

QUATTRO COLORI PER I TURISTI
TINTE UNITE

TAV. 108

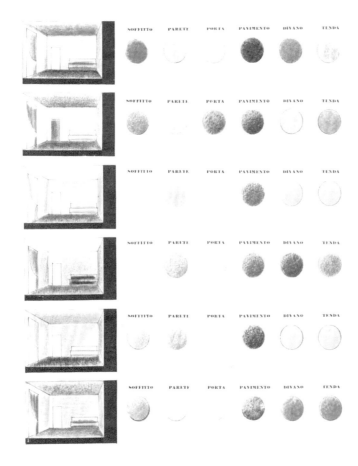

Das Farbkonzept

92

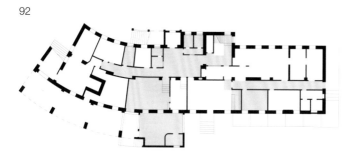

93

94

95

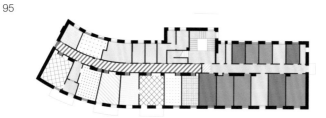

96

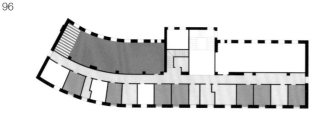

Das Farbkonzept

Die Aufstockung und
der Zubau 1952

Abb. 103 Axonometrie des
Bauwerks 1952

Abb. 104 Hotel Paradiso im
Spätsommer, 2014, Südansicht

Abb. 105 Hotel Paradiso im
Spätsommer, 2014, Nordansicht

Pläne und Farbabbildungen

Abb. 106 Hotel Paradiso nach der Erweiterung in rosso veneziano, 1960

Abb. 107 Zubau und Aufstockung 1952, KG

Abb. 108 Zubau und Aufstockung 1952, EG

Abb. 109 Zubau und Aufstockung 1952, 1.OG

106

107

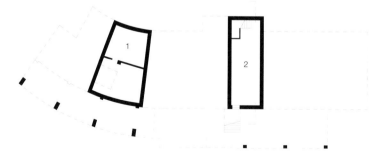

1 Keller
2 Keller

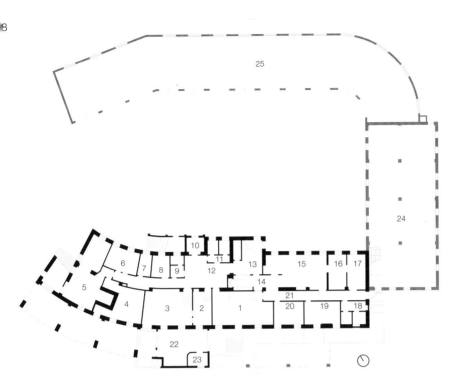

1 Taverne
2 Garderobe
3 Skiraum
4 Heizraum
5 Wäscherei
6, 19 – 20 Personal
7, 9, 11 WC
8 Massageraum
10 Wachsraum
12, 13 Vorraum
14 Office
15 Küche
16 – 18 Nebenraum
21 Gang
24 Zubau
26 Garage

■ Neubau
  Abbruch

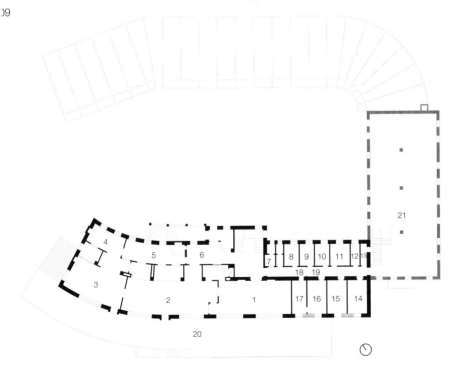

1 Touristen-Restaurant
2 Gäste-Restaurant
3 Aufenthaltsraum
4 Kaminzimmer
5 Bar
6 Vorraum / Rezeption
7, 13 WC
8 Friseur
9 – 11 Touristen-Zimmer
12 Bad
16 Direktorenzimmer
17 Direktion
18 öffentlicher Gang
19 Touristen-Gang
20 Terrasse
21 Zubau

■ Neubau
  Abbruch

Die Aufstockung und der Zubau 1952

Abb. 110 Zubau und Aufstockung 1952, 2. OG

Abb. 111 Zubau und Aufstockung 1952, 3. OG

Abb. 112 Zubau und Aufstockung 1952, 4. OG

Abb. 113 Zubau und Aufstockung 1952, DG

Abb. 114 Zubau und Aufstockung 1952, Schnitt

110

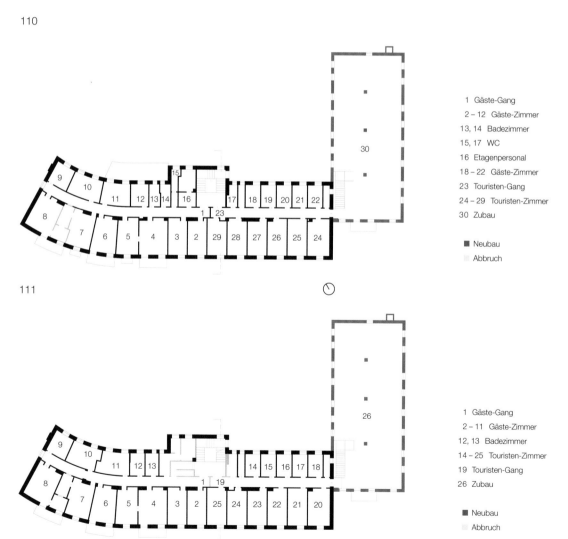

1 Gäste-Gang
2 – 12 Gäste-Zimmer
13, 14 Badezimmer
15, 17 WC
16 Etagenpersonal
18 – 22 Gäste-Zimmer
23 Touristen-Gang
24 – 29 Touristen-Zimmer
30 Zubau

■ Neubau
▪ Abbruch

111

1 Gäste-Gang
2 – 11 Gäste-Zimmer
12, 13 Badezimmer
14 – 25 Touristen-Zimmer
19 Touristen-Gang
26 Zubau

■ Neubau
▪ Abbruch

Pläne und Farbabbildungen

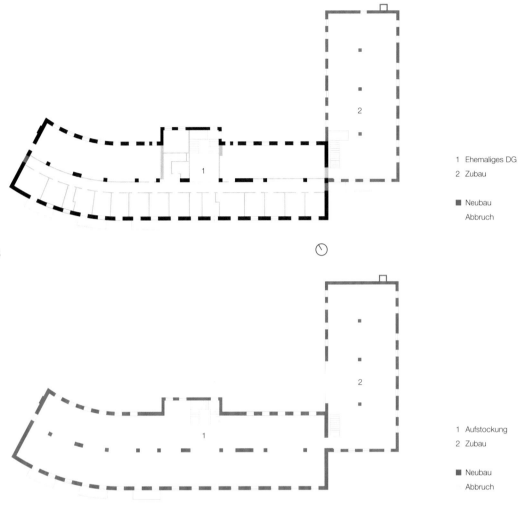

1 Ehemaliges DG
2 Zubau

■ Neubau
Abbruch

1 Aufstockung
2 Zubau

■ Neubau
Abbruch

■ Neubau
Abbruch

Die Aufstockung und der Zubau 1952

Bestandsanalyse

Konstruktion
Schadensbild

Konstruktion

Die Beschreibung der Bau-
elemente im folgenden Kapitel
bezieht sich auf den Zustand
zum Zeitpunkt der Bauaufnahme im Jahre 2015. Laut einem
Augenschein im Jahr 2021 haben sich die bereits vorhandenen
Schäden leicht verschlechtert, es konnten aber keine wesentlichen Veränderungen festgestellt werden. Bei beschädigten,
beziehungsweise entfernten Elementen wird versucht die
ursprüngliche Form nachzuvollziehen. Aufgrund der nicht
vollendeten Bauarbeiten von 1952 sind zum Zeitpunkt der
Begehung viele Aufbauten sichtbar, wodurch die Materialwahl
auch unter den verkleidenden Schichten in vielen Fällen ablesbar wird. Ansonsten wird auf im Zuge der Recherche
gefundene schriftliche Hinweise zurückgegriffen. Die Erklärungen basieren auf visuellen Eindrücken bei der Begehung
des Bauwerkes und werden mit Hilfe von Fotografien erläutert.
Für detailliertere Aussagen müssten Materialproben entnommen und analysiert werden.

Abb. 115 Lochziegelwand in Zubau und Aufstockung

Tragendes System

Im 4. Und 5. Obergeschoss, also der unvollendeten Aufstockung, ist das tragende System aufgrund der nie abgeschlos-
senen Arbeiten sichtbar. Es handelt sich dabei um einen Stahl-
betonskelettbau mit Ziegelausfachungen. Entlang der Außenwände und der mittigen Längsachse folgend sind in Abständen
von 4 bis 6 Metern Stahlbetonstützen mit einem Querschnitt
von etwa 50 mal 50 Zentimetern sichtbar, die als Auflager für
Stahlbetonunterzüge dienen.

In den zwei Bauphasen wurden unterschiedliche Ziegel
verwendet. Im 2., 3. und an der Südseite des 4. Obergeschosses erkennt man stellenweise Vollziegel kleineren Formats, bei
der Aufstockung und beim Zubau ist hingegen die Verwendung von Langlochziegeln festzustellen.

Die Aussteifung des Tragsystems erfolgt durch die Ge-
schossdecken. Hierbei handelt es sich um Ziegelrippendecken.
Diese findet man sowohl in den unteren Geschossen wie auch
in der Aufstockung und der Erweiterung. In den unteren
Stockwerken wird an jenen Stellen, wo der Putz großflächig
abgebröckelt ist, die Untersicht der Ziegeldecke erkennbar.
Der Aufbau der Ziegeldecken ist aufgrund des desolaten Zustands an der Terrasse gut erkennbar. Hier werden zwischen
den teilweise abgebrochenen Ziegeln die Ziegelträger sichtbar,

Konstruktion

ebenso die stellenweise bereits gerostete Stahlbewehrung. Auf die Ziegeldecke ist ein Aufbeton angebracht.

Bezüglich der Fundamente kann nur die Vermutung zur Verwendung von Streifen- oder Einzelfundamenten geäußert werden, da sich die Räume im Erdgeschoss einerseits auf verschiedenen Niveaus befinden und andererseits das Geschoss nur an zwei Stellen unterkellert ist.

Auffallend beim Zubau und der Garage ist, dass im Erdgeschoss auf jeglichen Bodenaufbau verzichtet wurde, aus welchen Gründen, ist allerdings nicht nachvollziehbar.

Leitungsführung

Die Zu- und Abwasserleitungen werden im Hauptbau in den Außenwänden und die Kamine entlang der Mittelachse geführt. Stromleitungen verlaufen direkt an der Decke und sind unter den Putz gelegt. Im Zubau konnten keine Hinweise zu der Leitungsführung ausfindig gemacht werden.

Außenwände

Die 50 Zentimeter starken Außenwände bestehen aus Ziegeln. Die Wände werden außen wie innen mit einem Grobputz versehen, darüber wird der Feinputz aufgetragen. Der außenliegende Putz weist in großen Teilen eine rote Färbung auf. Lediglich der Erschließungskern an der Nordseite sowie der nordöstliche Part des Hauptbaus, die Rückseite des Zubaus und die Hofseite der Garage sind weiß verputzt. Im Bereich der Sockelzone des Erdgeschosses bis zur Oberkante der Terrasse kommt ein grobkörniger Putz zur Anwendung (Abb. 116). Dieser ist weiß, wenn die Fassadenflächen der oberen Geschosse rot sind, und grau, wenn diese – wie beispielsweise an der Nordseite – weiß gestrichen sind.

Balkone

Bei den Balkonen aus Stahlbeton fällt die zarte Stärke sofort ins Auge (Abb. 118). Die Unterseiten sind, passend zur Fassade, rot und die Seiten weiß verputzt. Über den Bodenbelag können keine Rückschlüsse gezogen werden, hier ist nur noch die Betonoberfläche sichtbar. Die Geländer sind großteils intakt, es fehlen lediglich einzelne der horizontal verlaufenden Holzstäbe. Bei näherer Betrachtung fallen an den Geländern weiße Farbrückstände auf. Vermutlich sind diese 1952 gemeinsam mit den Fensterläden weiß gestrichen worden.

Abb. 116 Grob- und feinkörniger Putz im Sockelbereich

Abb. 117 Ansicht der Südfassade, 2014

Abb. 118 Balkone

6

7

8

Konstruktion

Fenster und Fensterläden

Bei den Fenstern handelt es sich meist um Kastenfenster, wobei die des Zubaus jenen des Bestandes nachempfunden sind. Bei den Fenstern werden folgende Größen unterschieden: Das am häufigsten verwendete, annähernd quadratische Modell der Schlafzimmer mit zwei Fensterläden (Abb. 119), die kleinere Variante der Sanitärräume, die nur über einen Fensterladen verfügt, die schmalen Fenster zur Belichtung des Dachraumes, die sich direkt unter dem Pultdach befinden, die Rundfenster sowie die größte, mittlerweile von außen vernagelte Variante für die Aufenthaltsbereiche im 1. Obergeschoss. Diese spannen sich über die Länge von zwei Fensterachsen. Die Fensterrahmen sind, wie bereits erwähnt, entweder weiß oder farblos lackiert. Seitlich der mit Läden ausgestatteten Fenster befindet sich jeweils ein Fensterhaken zur Fixierung der geöffneten Fensterläden. Die Läden sind bei roter Fassade weiß, bei weißer hingegen rot lackiert. An den Außenseiten befinden sich außerdem rautenförmige Aufsätze, die wiederum rot oder weiß sind.

Dach

Beim Dach handelt es sich um ein Pultdach. Im Hauptbau werden die Sparren in regelmäßigen Abständen von etwa 70 Zentimetern gesetzt (Abb. 120), wobei sich die Abstände in Richtung Innenhof aufgrund der Krümmung verringern. Die Gebäudetiefe von etwas über 10 Metern wird mit zwei Sparrenlängen überspannt. Die ersten Sparren verlaufen vom vorspringenden Dach bis zur Mittelachse, wo sie auf einem Betonträger aufliegen. Die von der Mittelachse fortlaufenden Sparren werden auf die ersteren aufgelegt und mit einem Stahlbolzen befestigt und enden an der Rückwand auf einem über der Ziegelwand verlaufenden Betonträger. Die Zwischenräume werden auch hier mit Ziegeln ausgefacht.

Auch der Zubau ist mit einem Pultdach versehen. Die Sparren sind ebenfalls in kleinen Abständen gesetzt worden. Im Unterschied zum Hauptbau werden hier im Innenraum vier Betonsparren sichtbar, die deutlich massiver zwischen den Holzsparren verlaufen. Das Auflager bildet wiederum der über der Mittelachse verlaufende Stahlbetonträger. Allerdings sind hier auch zwei Pfetten sichtbar, ebenfalls aus Beton. Die Holzsparren lagern nicht nur auf den Betonträgern auf, sondern sind in diesen einzementiert (Abb. 121). Dieses Prinzip ist auch

Abb. 119 Fensterläden am Hauptbau

Abb. 120 Untersicht der Dachsparren von außen

Abb. 121 Untersicht der Dachsparren in Innenraum

Abb. 122 Die Dachkonstruktion des Zubaus

Bestandsanalyse

19

20

21
22

119   Konstruktion

in der Garage wiederzufinden. Bei der Dachabdeckung dürfte
es sich, anhand einer Besichtigung aus der Entfernung beurteilt,
um eine Blechabdeckung handeln.

Abb. 123 Regenrinnenführung entlang einer Stütze
Abb. 124 Untersicht der abgehängten Decke unter der Terrasse

Entwässerung

Die Regenrinnen des Gebäudes verlaufen aufgrund des in
Richtung Hof abfallenden Pultdaches alle nord-, beziehungsweise westseitig im Fall des Zubaus. Sie sind durchgehend beschädigt und stellen die Ursache einiger Feuchteschäden dar.

Die Entwässerung der Terrasse erfolgt über in die Stahlbetonstützen integrierte Regenrinnen (Abb. 123), die ebenfalls
entweder entfernt oder stark beschädigt worden sind. An der
1952 errichteten Verlängerung der Terrasse ist keine Entwässe-
rungsvorrichtung sichtbar.

Terrasse

Die Terrasse fußt auf Stahlbetonstützen, sowohl der 1937
fertiggestellte Teil, als auch die 1952 hinzugefügte Erweiterung.
Stahlbetonunterzüge verbinden die Stützen.

Die Deckenkonstruktion ist auch hier eine Ziegelrippen-
decke. Im älteren Teil der Terrasse werden die Rippen senkrecht zur Fassade gelegt. An der Untersicht wird erkennbar,
dass hier eine abgehängte Decke zum Einsatz kommt, die bün-
dig an den parallel zur Fassade laufenden Unterzug anschließt.
Auch bei den abgehängten Decken wird auf die Verwendung
von Populit geschlossen. Bei Populit handelt es sich um Holz –
Zementplatten, die seinerzeit auch in vielen *Domus*-Ausgaben
für ihre Leichtigkeit, Langlebigkeit sowie die positiven thermi-
schen und akustischen Eigenschaften beworben werden.[164]
Abgesehen von den Decken kommt Populit beim *Hotel
Paradiso* vor allem beim Bau von Trennwänden und in Boden-
aufbauten zur Anwendung.

An der Untersicht des Terrassenzubaus erkennt man ebenfalls eine Rippendecke, die hier allerdings parallel zur Fassade
zwischen zusätzlichen Unterzügen verläuft. Hier wird auch auf
die abgehängte Decke verzichtet und die Unterseite der Decke
weiß gestrichen.

Über den Fußbodenaufbau der Terrasse kann aufgrund
des desolaten Zustands keine detaillierte Angabe gemacht
werden. Sichtbar ist nur noch der Aufbeton der Ziegeldecken,
der stellenweise abgeschlagen ist. Alten Fotos zufolge sind
auf der Terrasse Holzdielen verlegt worden, von denen aber

[164] Pasquali, A., Notiziario Tecnico.
Il Populit, in: Domus, Nr. 83, 1934,
S. 75.

Konstruktion

keine mehr erhalten sind. Die Terrasse ist im momentanen Zustand nicht begehbar und einsturzgefährdet. Aus diesem Grund sind die Zugänge – die Treppen an der Süd- und der Westseite – mit Ziegeln vermauert, die von den Bauarbeiten übrig geblieben sind.

Trennwände

Die Trennwände werden von etwa 15 Zentimeter starken Holzständerwänden gebildet, beidseitig beplankt mit Populitplatten. In der Beschreibung einer *Domus*-Ausgabe aus dem Jahr 1934 wird das Material in der Rubrik *notiziario tecnico* (technische Neuigkeiten) als „mit Zement gebundene Holzfasermischung"[165] beschrieben. Die Ständerwände werden an einigen Stellen sichtbar, an denen diese entweder aufgrund der Bauarbeiten oder zu einem späteren Zeitpunkt durch Vandalenakte beschädigt worden sind (Abb. 125). Die Zwischenwände werden alle auf diese Weise gefertigt, auch entlang der tragenden Mittelachse zwischen den Stahlbetonstützen. Die Nischen in den Zimmern, die durch die verschiedenen Stärken der Trennwände und der Stützen entstehenden, werden häufig für den Einbau von Schränken genutzt. Teilweise werden auch in den Gängen Wandschränke geschaffen.

Türen

Zu den Türen wurden, wie bereits im vorhergehenden Kapitel erwähnt, diverse Varianten für die unterschiedlichen Räume entworfen. Allerdings sind nur mehr vereinzelte erhalten, wie die Zugangstür zur Taverne, die Tür zum Gang des Personaltrakts im Erdgeschoss sowie wenige Standard – Zimmer- und Balkontüren. Außerdem sind einige der Türen für die Verriegelung des Gebäudes verwendet worden, wodurch sie nicht mehr an ihrer Originalposition zu finden sind (Abb. 126). Im Gegensatz zu den Fenstern sind die Türen farbig an die jeweiligen Räume angepasst. So ist beispielsweise die Innenseite der Balkontüren des Touristentraktes gelb lackiert.

Fußbodenaufbau

Bei den Decken handelt es sich um Ziegelrippendecken. Für den Fußbodenbelag werden im Erdgeschoss und in den Sanitärräumen Fliesen verwendet. In den restlichen Räumen kommt, soweit aufgrund des ausgeblichenen, spröden Zustands beurteilbar, gestreiftes Linoleum zum Einsatz. (Abb. 127).

Abb. 125 Populit-Trennwand im Restaurant

Abb. 126 Verwendung einer ehemaligen Zimmertüre zur Verriegelung des Balkons

Abb. 127 gestreiftes Linoleum

Abb. 128 spröder Linoleumboden

[165] Pasquali, 1934, S. 75.

Konstruktion

Im 4. Obergeschoss wurden die Linoleumböden im Zuge der Erweiterungsarbeiten herausgerissen, wobei lediglich der Estrich übrig geblieben ist, in dem nach wie vor die Lage der ehemaligen Trennwände abgelesen werden kann. Die Aufstockung und der Zubau wurden nie vollendet, weshalb hier nur der Aufbeton der Rippendecken sichtbar ist.

Der Deckenaufbau besteht demnach (von unten nach oben beschrieben) aus einem Sandbett, 2 Zentimeter starken Populitplatten, darüber 3 bis 4 Zentimeter Estrich und schließlich Linoleum als Fußbodenbelag.[166]

Linoleum als Bodenbelag kann in vielen von Gio Pontis Bauten wiedergefunden werden. Es gilt in jener Zeit allgemein als wirtschaftliches, hoch schalldämmendes und pflegeleichtes Material und findet in den Entwürfen der 30er Jahre großen Zuspruch, unter anderem sicher auch wegen der vielen Möglichkeiten der Farbgebung. In Werbungen wird es für die „Einfachheit, Lebendigkeit der Farben und der maximalen Reinigungsfreundlichkeit" gerühmt.[167] In der Tat findet es nicht nur als Bodenbelag Anwendung, sondern wird auch für Möbel und Wandverkleidungen verwendet. Auch im Fall des *Hotel Paradiso* wird es als Bodenbelag, für die Wandverkleidungen hinter den Waschbecken und als Tischbelag eingesetzt.

Treppen

Bei den Treppen handelt es sich um Stahlbetonkonstruktionen. Die Unterseite der 1937 fertiggestellten Erschließung ist gelb verputzt. Bis ins 3. Obergeschoss sind die hölzernen Tritt- und Setzstufen teilweise erhalten (Abb. 129). Die Geländer sind nicht mehr vorhanden, lediglich die Positionierung der ehemaligen Holzstäbe kann in den teilweise noch erhaltenen Treppenwangen abgelesen werden.

In der Aufstockung sowie im Zubau ist nur die Stahlbetonkonstruktion sichtbar, bei der teilweise die Holzschalung nie entfernt wurde.

Schadensbild

Das *Hotel Paradiso* wurde seit dem Jahr 1946 nicht mehr in Betrieb genommen, auch die Erweiterung aus dem Jahre 1952 wurde nie vollendet. Insgesamt wurde das Gebäude somit seit über 60 Jahren sich selbst überlassen. Zu Beginn war noch ein Wächter im leerstehenden Hotel untergebracht[168], doch in den letzten Jahren

Abb. 129 **Treppen**

166 Masera, 1938, S. 19.
167 Pasquali, 1934, S. 74.
168 Tartarotti, 1993, TC: 00.56.50 – 00.57.10

124   Bestandsanalyse

9

Schadensbild

wird nur mehr das Nötigste gemacht, um das Gebäude, das immer wieder aufgebrochen wird, zu verschließen und die schlimmsten Schäden im Dach notdürftig zu beheben.

Der Großteil der erkennbaren Schäden ist feuchtigkeitsbedingt und vor allem auf undichte Stellen im Dach, beschädigte Regenrinnen und fehlende, beziehungsweise beschädigte, Fenster zurückzuführen. Im Zuge der Erweiterung werden Arbeiten in den Innenräumen angefangen aber nicht vollendet, Bauschutt und Aufständerungen sind bis heute erhalten.

Weiters wird im Laufe der Jahre vor allem in den Innenräumen vieles – wie beispielsweise Möbel, Türen, Türstöcke, Fenster oder sanitäre Einrichtungen – entfernt, beschädigt oder beschmiert. Vor allem im 1. Obergeschoss, in den Restaurants und den Aufenthaltsräumen, finden sich zahlreiche Graffiti und Schmierereien an den Wänden. Um das Betreten unerwünschter Eindringlinge zu vermeiden, auch aufgrund der fehlenden Absturzsicherungen im Inneren, haben die Besitzer möglichst viele Öffnungen verschlossen. Hierzu wurden häufig im Hotel gefundene Materialien, wie Türen oder Fensterläden verwendet, was wiederum zur Beschädigung dieser Objekte führt. Auf folgenden Seiten werden Erklärungen zu den verschiedenen Schäden, deren Ursachen sowie eine Lokalisierung gegeben.

Das aufgrund der stark variierenden Zustände auch zwischen angrenzenden Räumen tabellarisch gehaltene Raumbuch befindet sich im Anhang.

Tragendes System

Bei den tragenden Strukturen lassen sich, außer bei der Terrasse, keine freisichtig erkennbaren groben Schäden feststellen. Das Gebäude ist jedoch bereits über Jahrzehnte den teilweise extremen Wetterbedingungen eines alpinen Gebiets dieser Höhenlage ausgesetzt. Während im Winter über Monate enorme Schneelasten auf das Bauwerk wirken, (Abb. 135) steht es in den Sommermonaten aufgrund der Schneeschmelze auf sehr feuchtem bis sumpfigem Grund. Für ein klares Urteil über den Zustand ist eine bestandsorientierte Tragwerksanalyse erforderlich.

Putz

Wie im vorherigen Kapitel bereits beschrieben, bildet Putz die Fassadenoberfläche; ihr Zustand variiert stark. Die nördliche, östliche und südliche Fassade des Zubaus befinden sich in einem guten Zustand, an Teilen der Südfassade des Hauptbaus bröckelt der Putz feuchtebedingt ab. Vor allem aber an der Nordseite des Hauptbaus sowie an der dem Innenhof zugewandten Fassade des Zubaus zeigen sich massive Schäden. Hier wird teilweise das durch die einwirkende Feuchtigkeit bereits beschädigte Mauerwerk sichtbar.

Beginnend an der Südfassade des Hauptbaus erkennt man stellenweise großflächig abbröckelnden Putz. An einigen Stellen wird darunter grüner Putz sichtbar, der in regelmäßigen Abständen eingekerbt ist. Der gräuliche Ton der Kerben weist auf den Unterputz hin. Im östlichen unteren Viertel hingegen wird ein ebenfalls mit Kerben versehener Putz in einem etwas dunkleren Rotton sichtbar. Im oberen Drittel über die Länge der gesamten Fassade wird an den Stellen, wo der Putz bröckelt, der graue Unterputz sichtbar. Bei den sichtbaren grünen Putzresten kann angenommen werden, dass es sich dabei um die 1937 aufgetragene Originalfarbe handelt. Weshalb im östlichen Teil der Fassade roter Putz zum Vorschein kommt, kann nicht mit Sicherheit gesagt werden. Es kann lediglich vermutet werden, dass der grüne Putz stellenweise abgeschlagen wurde, da er vielleicht schadhaft war, bevor der rote Unterputz aufgetragen wurde. Dass das Gebäude vielleicht schon 1937 zweifarbig, also rot und grün gewesen sein könnte, ist unwahrscheinlich, da solches in keiner Veröffentlichung erwähnt wird und auch auf den schwarzweißen Fotos keine Grauschattierungen erkennbar sind. Mit einer genauen Analyse der Putzschichten könnte diese Frage jedoch geklärt werden.

Die größte schadhafte Stelle befindet sich in der Krümmung in der Fassade, beginnt direkt unter dem Dach, erstreckt sich über die Länge von sechs Fensterachsen und breitet sich stellenweise bis zur Oberkante des Balkons im 5. Obergeschoss aus. Die Streben des Pultdaches sind ebenfalls genau an dieser Stelle verfärbt und feucht. Aufgrund mindestens einer undichten Stelle im Dach läuft das Wasser hier bei Regenfällen und während der Schneeschmelze über die Fassade, wodurch Schäden verursacht werden. Die anderen schadhaften Stellen befinden sich überwiegend bei den Fenster- und Balkonanschlüssen und sind kleineren Ausmaßes. In mehreren Fällen zeigen sich Verfärbungen. So ziehen sich unter den beschädigten Putzstellen dunkle Streifen die Fassade entlang nach unten und die grünen Farbreste verlaufen ins Gelbliche.

An der östlichen Fassade des Hauptbaus ist das *rosso veneziano* bereits großflächig abgeplatzt. Auch hier zeigt sich darunter der mit Kerben versehene rote Putz und darunter stellenweise der Unterputz. Außerdem zieht sich ein Riss entlang jener Stelle, wo der Zubau angeschlossen ist. Der Putz der Süd- und der Ostseite des Zubaus zeigt sich allgemein in einem guten Zustand, lediglich einzelne kleinflächige dunkle Verfärbungen sind sichtbar. An der schmalen, nördlichen Fassade des Zubaus bröckelt der Putz unter dem auskragenden Dach ab. Der Putz der Garage ist nordseitig vor allem in der Krümmung flächendeckend durch eingeritzte Beschriftungen beschädigt. Die südliche, dem Innenhof zugewandte Fassade der Garage zeigt sich hingegen in einem guten Zustand. Damit stellt der Garagentrakt hofseitig aber eine Ausnahme dar. Dadurch, dass die Pultdächer des Haupt- und des Zubaus in Richtung Innenhof abfallen, die Regenrinnen aber in großen Teilen schadhaft sind oder teilweise nicht mehr existieren, sind diese Fassaden dem Regen- und Schmelzwasser ausgesetzt und befinden sich in einem entsprechend schlechten Zustand. Der Putz des Zubaus zeigt sich auf dieser Seite feucht und teilweise rissig. Der Zustand verschlimmert sich in Richtung Hauptbau zusehends und erreicht seinen Höhepunkt im Anschlussbereich der beiden Trakte (Abb. 131). Die Regenrinne des Zubaus ist stark beschädigt und die des Hauptbaus teilweise nicht mehr vorhanden. Zwar befindet sich das Fallrohr in dieser Ecke, der obere Anschluss verläuft jedoch ins Leere. Außerdem springt das Dach hier nur etwa 70 Zentimeter vor, was dazu führt, dass das Regenwasser, vor allem aber die großen Mengen an Schmelzwasser der Fassade entlang ablaufen kann. An dieser Position ist die Wand über die gesamte Höhe stark durchfeuchtet, der Putz ist fast vollständig abgefallen und legt die darunterliegende grüne Farbe, den Unterputz und stellenweise die bereits brüchigen Ziegel frei. Zusätzlich dringt das Wasser durch die nur teilweise mit Läden verschlossenen Fenster in die Innenräume ein, die sich in diesem Bereich auch in einem entsprechend schlechten Zustand befinden. Richtung Erschließungskern bröckelt der Putz zusehends ab, die Regenrinnen und Fallrohre sind in einem schlechten Zustand. Will man weitere schwere Schäden vermeiden, muss hier dringend gehandelt werden. Der westliche Teil des Treppenhauses ist wieder stärker betroffen, die Ursache liegt auch hier beim beschädigten Fallrohr der Regenrinne. Der Putz der westlich

Schadensbild

orientierten Fassade des Hauptbaus bröckelt unmittelbar
unter dem Dachvorsprung und entlang des Kamins ab. An
einer Stelle im 5. Obergeschoss sind ebenfalls bereits die
beschädigten Ziegel sichtbar. Der weiße, beziehungsweise an
der Nordseite hellgraue, grobkörnige Sockelputz, der sich
rund um das Gebäude bis zur Fußbodenoberkante des ersten
Obergeschosses zieht, zerfällt an einzelnen Stellen und ist
teilweise verfärbt, zeigt sich aber insgesamt in einem verhältnismäßig guten Zustand.

Balkone und Geländer

An den Unterseiten der Balkone sind einige vermutlich feuch-
tigkeitsbedingte Flecken sichtbar. Eine Überprüfung auf die
statische Tragfähigkeit ist hier unbedingt notwendig.

Die Balkongeländer befinden sich großteils in einem guten
Zustand (Abb. 136). Es handelt sich hierbei um runde Holzstäbe.
In den Kerben sind noch weiße Farbreste erkennbar, die vermutlich 1952 angebracht worden sind. Lediglich bei den
Balkonen des Zubaus im 1. und 2. Obergeschoss fehlen einige
der Stäbe. Laut Anmerkungen auf den Skizzen Gio Pontis ist
das Holz mit Carbolineum behandelt worden, was die Resistenz
erklären würde.

Fenster und Läden

Die außenliegenden Rahmen der Kastenfenster sind bis auf
wenige Ausnahmen beim Zubau und an den hofseitigen
Fassaden, wo teilweise der ganze Fensterstock herausgeschla-
gen worden ist, erhalten. Über den Rahmen befindet sich
ein bis heute erhaltener Wasserablauf. Von den Fensterläden
ist beim Hauptbau etwa die Hälfte erhalten, beim Zubau etwa
zwei Drittel. Insgesamt sind zwar noch mehr erhalten, viele
wurden allerdings zweckentfremdet und für das Vernageln von
Fenstern und anderen Öffnungen verwendet. Deren Zustand
ist schwierig zu beurteilen. Bei den erhaltenen, noch ordentlich
angebrachten Läden ist der Lack abgeblättert oder verblichen
und die meisten Scharniere sind gerostet. Ansonsten befinden
sie sich in einem guten Zustand, wobei diejenigen des Zubaus
allgemein besser erhalten sind.

Von den Kastenfenstern sind nur wenige vollständig
erhalten (Abb. 138), bei vielen fehlen entweder ein oder mehrere
Fensterflügel und das Glas ist in fast allen Fällen schadhaft.
Allerdings liegen einige der fehlenden Fensterflügel in den

131

Räumen verstreut am Boden, einige davon sind offensichtlich beschädigt, bei anderen ist wiederum nur das Glas zerbrochen. Viele Griffe fehlen, aber die Rahmen sind intakt. Verhältnismäßig gut erhalten sind die großen, südseitigen Fenster der Aufenthaltsräume im 1. Obergeschoss.

Abb. 139 morscher Balken über der Haupttreppe
Abb. 140 Untersicht der beschädigten Terrasse

Dach

Die Holzkonstruktion des Daches weist vor allem im Hauptbau Schäden auf. An mehreren Stellen ist das Holz feucht, vor allem im Bereich über der Treppe, wo eine Aufstockung für einen Aufzug eingeplant wurde, sind einige Holzbalken morsch (Abb. 139).

Die von Norden sichtbare Dachdeckung weist vor allem beim Hauptbau zahlreiche Schäden und punktuelle Reparaturen auf. Das Dach des Zubaus befindet sich insgesamt in einem etwas besseren Zustand und zeigt weniger offensichtliche Mängel auf, muss aber dennoch auf Dichtheit und Tragfähigkeit überprüft werden.

Ein großer Teil der Schäden in den Innenräumen lässt sich auf Feuchtigkeit zurückführen. Diese dringt hier einerseits über Schäden im Dach und Fenster ein, andererseits aber auch über jene Stellen, die durch mangelnde Wasserableitung vom Dach betroffen sind. Bei einer Begehung im April 2014 lag nach einem äußerst niederschlagsreichen Winter noch sehr viel schmelzender Schnee auf dem Dach, wodurch die undichten Stellen teilweise durch Pfützenbildung deutlich sichtbar wurden. Die am Dach auftretenden Schäden werden aktuell jährlich provisorisch behoben.

Terrasse

Die Terrasse kann bereits auf den ersten Blick als nicht mehr begehbar eingestuft werden. Die Ziegeldecken sind an vielen Stellen schadhaft, teilweise haben sich schon Durchbrüche gebildet. Die Bewehrung der Ziegelträger ist großteils sichtbar und aufgrund der Witterung bereits gerostet. Der Putz der Stahlbetonträger und Stützen bröckelt an vielen Stellen ab. Vor allem an jenen Stellen, wo die Steher des Geländers in den Beton eingebracht worden sind, ist die Bewehrung mittlerweile freigelegt und verrostet. Der Aufbeton zeigt sich, soweit er noch vorhanden ist, brüchig und ist bereits von Moos und Gräsern überwuchert. Ursache für die zahlreichen Schäden sind die extremen Wetterbedingungen. In den Wintern liegen

Schadensbild

auf der Terrasse oft mehrere Meter Schnee. Die Holzgeländer der Terrasse sind partiell noch erhalten aber teilweise beschädigt. Die Treppen zur Terrasse befinden sich in keinem guten Zustand, der Putz bröckelt großflächig ab, und lässt die darunter liegende Betonkonstruktion sichtbar werden. Zusätzlich sind beide Aufgänge vermauert worden, um unberechtigten Besuchern den Zugang zu erschweren.

Abb. 141 Eingangssituation

Eingangssituation

An den nordseitig gelegenen Erschließungskern grenzt die ehemals überdachte Eingangssituation. Allerdings ist das Dach der Konstruktion nicht mehr vorhanden. Von den Stützen hat sich jeglicher Putz gelöst und auch die Ziegel sind teilweise ausgebrochen, sodass die Stützen nach oben hin schmaler werden. Der Zustand der zum Eingang führenden Treppen ist aufgrund des vielen darauffliegenden Schutts, bei dem es sich um Reste des Daches handelt, nicht beurteilbar (Abb. 141).

Innenräume

Die durch das undichte Dach verursachten Feuchteschäden begrenzen sich nicht nur auf das letzte Geschoss, sondern breiten sich an den entsprechenden Stellen langsam von oben nach unten in den Stockwerken aus. Vor allem entlang der Stützen zieht sich die Feuchtigkeit nach unten. Somit sind von Feuchtigkeit betroffene Bauteile vermehrt in der Nähe zu den Stahlbetonstützen und Fenstern zu finden. Die am stärksten betroffene Zone ist auch in den Innenräumen die nordöstliche Ecke des Hauptbaus, vor allem im Bereich des Anschlusses zum Zubau.

Bei der Beurteilung der Feuchtigkeit ist sicherlich auch anzumerken, dass solche Schäden in den Stockwerken zwischen dem Erdgeschoss und dem 3. Obergeschoss mit freiem Auge leichter erkennbar sind, da sich auf dem hier noch vorhandenen Putz Verfärbungen zeigen. Auf den rohen Ziegeldecken der oberen Geschosse ist die Feuchtigkeit hingegen schwerer erkennbar.

Allerdings zeigen sich hier, wie auch in den anderen von Feuchtigkeit betroffenen Räumen Salzausblühungen an den Wänden, der Decke und dem Stahlbetonskelett. Einige der Schäden ziehen sich geschossweise von oben nach unten durch, wobei sich diese nach unten hin verringern. Das 1. Obergeschoss weist diesbezüglich die geringsten Schäden auf.

1

135   Schadensbild

Stellenweise ist der Putz an den Decken und Wänden verfärbt, stellenweise aber auch abgebrochen, sodass die Ziegeldecke sichtbar wird.

Im Erdgeschoss, das von der im Dach eindringenden Feuchtigkeit großteils verschont geblieben ist, befinden sich die südseitigen Räume, abgesehen von der Verschmutzung durch Schutt und mutwillig verursachten Schäden, in einem guten Zustand. Die auskragende Terrasse dient hier als schützende Barriere und verhindert das Eindringen von Schneemassen und Feuchtigkeit. Vermehrte Feuchteschäden zeigen sich hingegen nordseitig und in Fensternähe. Es sind keine mit aufsteigender Feuchtigkeit verbundenen Probleme sichtbar, dennoch müsste das Mauerwerk auf eventuelle Schäden überprüft werden.

Türen

Von den Türen sind sowohl außen als auch innen nur wenige erhalten, dazu zählen die Eingangstür in die Taverne, der ebenerdige Eingang in den Versorgungstrakt im Erdgeschoss, ein Flügel der Tür in das Restaurant der *turisti* sowie vereinzelte Zimmer- und Badezimmertüren. Anders als bei den Fenstern liegen die Türen nicht ausgerissen in den Zimmern verstreut, sondern sind gänzlich aus dem Hotel verschwunden. Einige werden auch verwendet, um die Öffnungen zu verschließen, was wiederum zu einer Verschlechterung ihres Zustands führt, da das Holz der Türen nun ungeschützt der Witterung ausgesetzt ist. Die wenigen erhaltenen Türen, die nicht zweckentfremdet worden sind, befinden sich in einem guten Zustand. Zwar fehlen auch hier die Griffe, aber der Lack weist bis auf ein paar Kratzer keine großen Schäden auf. Ebenfalls erhalten sind zwei ehemalige Balkontüren, die bei Errichtung der Erweiterung zu Verbindungstüren umfunktioniert worden sind. Auch hier sind nicht alle Flügel erhalten und die Gläser der erhaltenen Flügel zerbrochen.

Böden

Bei den Bodenbelägen zeigen sich die Fliesenböden in den Bädern und im Erdgeschoss, abgesehen von Teilen mit abgeschlagenen Fliesen, in einem guten Zustand.

Anders ist die Situation bei den Linoleumböden, die in allen Zimmern, den Gängen, den Restaurants und den Aufenthaltsbereichen verlegt worden sind. Sie zeigen sich durchgehend spröde, rissig und verfärbt (Abb. 144). Der Grund hierfür

Schadensbild

ist neben der fehlenden Wartung und auftretenden Witterungs-
einflüsse durch fehlende Fenster sicherlich auch die an sich
überschrittene Lebensdauer. In vielen Fällen ist die ursprüngliche Farbe durch eine starke Ausbleichung und Vergrauung
nicht mehr klar erkennbar.

Treppen

Die Treppen, deren hölzerne Tritt- und Setzstufen sowie die
Treppenwangen teilweise erhalten sind, müssen auf jeden Fall
bezüglich ihrer Tragfähigkeit geprüft und betroffene Stellen
instandgesetzt oder erneuert werden.

Beschädigungen und Schutt

Weitere Schäden im Hotel stehen in Zusammenhang mit der
Erweiterung von 1952 und den damit verbundenen Bauarbeiten oder es handelt sich um mutwillige Demolierungen im
Laufe der Jahre des Leerstands. Einige der Räume sind durch
die Müll- und Schuttanhäufungen nur schwierig begehbar. In
Folgendem werden die gröbsten Beschädigungen nach Stockwerken aufgelistet, wobei diese jährlich zunehmen.

Mutwillige Zerstörungen werden vor allem im Erdgeschoss sichtbar. In der Taverne wurde der Tresen umgeschmis-
sen (Abb. 144), zahlreiche zerschlagene Einrichtungsgegenstände
sowie beschädigte Türen und Fenster liegen im Raum verteilt.
Der ehemalige Ofen wurde ebenfalls verwüstet. Außerdem
finden sich hier noch einige Ziegel von der Aufstockung. Dasselbe gilt für die angrenzende Garderobe und den Schiraum.
Hier befinden sich teilweise aufgebrochene Zementsäcke, die
den Raum zusätzlich verschmutzen. Im Schiraum sind Schmierereien an der Wand sichtbar, wie sie auch in anderen Räumen
zu finden sind. Auch der Boden der Wäscherei ist übersät mit
Ziegelresten und Müll. Hier ist zudem eine Trennwand beschädigt, wodurch die mit Populitplatten verkleidete Holzstän-
derwand sichtbar wird. Im ehemaligen Personalzimmer sind
noch zwei beschädigte Stockbetten erhalten, mit denen auch
das Bettenlager ausgestattet war. Die angeschwärzten Wände
und die Decke sowie eine verkohlte Holzstütze deuten auf
einen Brand hin. Zahlreiche Fliesen des angrenzenden Bades
liegen abgeschlagen auf dem Boden, ebenso im Krankenzimmer.
Im Vorraum liegt ein großes beschädigtes Möbelstück aus
Holz. Im von Feuchtigkeit schwer beschädigten Schiwachsraum sind zahlreiche Kabel aus der Wand gerissen. In den

Sanitärräumen wurden die WC-Schüsseln zerstört und die Fliesen abgeschlagen. Im Vorraum der Treppe liegt, umgeben von Müll, ein weiteres großes hölzernes Möbelstück. Dasselbe Bild zeigt sich in der Küche und deren Nebenräumen. Im Gang des Personaltrakts wurde die Wand entlang der Kabelführung aufgespitzt. Der Boden des Zubaus ist ebenfalls mit Bauschutt bedeckt.

Im 1. Obergeschoss findet sich weniger Bauschutt und Müll, allerdings häufen sich hier Schriftzüge und Zeichnungen an den Wänden. Die Trennwände wurden an mehreren Stellen aufgeschlagen und die Fenster sowie Türen der Restaurants zerstört. Heizkörper liegen in den Räumen verteilt am Boden. Der Türstock eines Terrassenzugangs und jener der Bar wurden entfernt. Die Wände des Kaminzimmers waren ursprünglich mit in einigem Abstand zueinander gesetzten, horizontalen Holzleisten versehen. Etwa die Hälfte davon fehlt. In der Bar sind der Tresen sowie die Rückenlehne einer Bank erhalten. Die Leisten der Halle, gleich jenen des Kaminzimmers, wurden bis auf die letzten drei Reihen unter der Decke herausgerissen. Die Rezeption ist noch erhalten, die Holzverkleidung des Eingangsbereichs wurde jedoch teilweise entfernt. Die Möbel des Friseursalons sind teilweise noch erhalten, jedoch stark beschädigt. An der Südseite des Traktes für die *turisti* sind jeweils zwei Fenster durch ein großes ersetzt worden, das dem Muster der Fenster des Restaurants folgt. Der Bauschutt wurde nie beseitigt, ebenso wenig die Aufständerung. Die beiden oberhalb der Fenster eingesetzten Stahlträger haben mittlerweile Rost angesetzt und auch die Fensterrahmen sind nur mehr teilweise erhalten. Spuren in den Wänden zeigen, dass sie immer wieder geöffnet wurden, um Kabel zu verlegen oder zu entnehmen, jedoch ohne die Löcher wieder zu verschließen. Auch hier sind im Zubau neben mehreren teilweise beschädigten Fenstern verschiedene Baumaterialien wie Ziegel und Populitplatten zurückgelassen.

Im 2. Obergeschoss wurden im Zuge der Bauarbeiten, wie bereits im Kapitel 2 beschrieben, einige Trennwände entfernt, noch vorhandene sind beschädigt. Im 3. Obergeschoss werden im Zuge der Aufstockung im Bereich der Treppe die Trennwände entfernt In den Zimmern zeigen sie sich teilweise beschädigt oder durchbrochen (Abb. 146). Auch im 4. Obergeschoss fehlen aufgrund der Arbeiten im Zuge der Aufstockung sämtliche Trennwände. Das 5. Obergeschoss zeigt sich als

Schadensbild

Rohbau, ebenso wie im 4. Obergeschoss liegen verschiedene
Materialien wie Populitplatten, Ziegel aber auch Fenster
am Boden verstreut.

Die Möbel werden über die Jahre im gesamten Gebäude
bis auf oben genannte Ausnahmen restlos gestohlen, ebenso
die meisten der Lampen. Teilweise werden sogar die Wände
aufgespitzt, um die Kabel zu entwenden.

Die lange Liste an Beschädigungen und Mängeln hat den
einzigen Vorteil, dass dadurch die Wandaufbauten sichtbar
und Rohr- sowie Kabelführungen ablesbar werden. Dieser Zustand erlaubt eine weitgehend zerstörungsfreie Untersuchung
der Bausubstanz und die Entnahme eventueller Materialproben.

Abb. 144 umgeschmissener Tresen
in der Taverne
Abb. 145 nie entfernte Schuttreste
nach Vergrößerung der Fenster-
öffnungen
Abb. 146 zerstörte Trennwand

Schadensbild

Wiederbeleben

Revitalisierungskonzept
Denkmalpflegerisches Konzept

Revitalisierungskonzept Trotz des langen Leerstands und des zunehmenden Verfalls fasziniert das ehemalige Hotel viele Menschen bis heute. Es taucht immer wieder in den Medien auf und es werden immer wieder neue Diskussionen über den Fortbestand und mögliche Nutzungen geführt. Im Juli 2013 organisiert die Architekturstiftung Südtirol ein Sommerfest vor dem Hotel, in dem unter anderem in einem Workshop mögliche neue Nutzungen des Gebäudes erläutert werden. Der abschließende Bericht zum Sommerfest wird im Anhang angeführt.

Nach der Auseinandersetzung mit der Geschichte des Bauwerks, mit den anfänglichen Entwurfsgedanken Gio Pontis, deren Weiterentwicklung bis hin zum Bau im Jahre 1937 und der späteren Erweiterung, scheint mir im Zuge einer geplanten Revitalisierung die Wiederaufnahme der ursprünglichen Nutzung eine sinnvolle und passende Lösung zu sein. Das Hotel Paradiso könnte nun wieder als Herbergsbetrieb genutzt werden, mit verschiedenen Zimmerkategorien und einem außergewöhnlichen Farbkonzept. Die Räume könnten dabei, soweit wie möglich, in ihrer Funktion, Nutzung und Materialität den Ideen Gio Pontis folgend, erhalten und seine Vorstellungen von Räumlichkeit, Durchblicken sowie Farben wieder erlebbar gemacht werden. Die baulichen Eingriffe werden dabei auf ein Minimum beschränkt und, wo die Möglichkeit besteht, Reparaturen durchgeführt, um das Gebäude vor weiterem Verfall zu schützen. An Stellen, wo die Notwendigkeit einer Ergänzung besteht, kann der Bestand in seiner Materialität sowie Oberflächen mit Hilfe der ausführlichen Dokumentation aus dem Archiv CSAC, sowie den vor Ort noch sichtbaren Mustern vervollständigt werden.

Der Entwurf von Gio Ponti wurde durch die im Jahre 1952 durchgeführte Erweiterung nachhaltig verändert, die Aufstockung lässt den Hauptbau in seinem Ausmaß massiver wirken und die ursprünglich solitäre Wirkung ging durch den Zubau verloren. Obwohl die Möglichkeit eines Rückbaus auf die ursprüngliche Dimension durch die gute Dokumentation gegeben wäre, würde ich diese Option nicht in Betracht ziehen. Der Zubau und die Aufstockung sind Teil der Geschichte des Gebäudes und aufgrund der langen Zeit ihres Bestehens in dieser Form mit der Anlage und mit der Umgebung zusammengewachsen. Auch aufgrund der sensiblen Lage in einem

Naturschutzgebiet und der schwierigen Zufahrt würde ich auf massive Eingriffe verzichten. Das *rosso veneziano* an der Fassade hat sich im Laufe der Jahre ebenso etabliert und ist zu einem Identifikationsmerkmal geworden, das in dieser Form beibehalten werden könnte.

Das hintere Martelltal ist im Winter wegen der guten Schneelage bei Schitourengehern und Langläufern bekannt, im Sommer bietet es viele Wandermöglichkeiten. Allerdings wird das Tal aktuell vermehrt von Tagesgästen besucht. Aus diesem Grund hat das *Hotel Paradiso* mit seinen verschiedenen Zimmerkategorien durchaus Potenzial, durch eine Revitalisierung einerseits Sportler anzusprechen, andererseits aber auch Gäste anzulocken, die die abgeschiedene, ruhige Lage in Verbindung mit der außergewöhnlichen Architektur Gio Pontis zu schätzen wissen.

Ziel der Revitalisierung wäre, Gio Pontis Gebäude als Gesamtkunstwerk wieder aufleben zu lassen und für interessierte Gäste wieder zugänglich zu machen.

Die Räume wurden von Gio Ponti durch ihre Lage im Gebäude, die dazugehörigen Möbel und die gewählte Farbgebung den ihnen zugeteilten Funktionen entsprechend, maßgeschneidert. In diesem Sinne könnten die Räume ihre ehemalige Nutzung beibehalten, sofern es die modernen Anforderungen erlauben. Dabei wird in einer aufgelockerten Form auch die Idee der unterschiedlichen Gästeklassen wieder aufgenommen.

Das Hotel befindet sich insgesamt in keinem guten, jedoch keineswegs in einem hoffnungslosen Zustand. Die Auseinandersetzung mit der Geschichte des Hotels, mit dem Entwurfsprozess und den Skizzen Pontis und die Gedanken zu jedem noch so kleinen Detail, haben vielmehr die Überzeugung stärkt, dass sich eine Revitalisierung lohnen wurde.

Die Wiederbelebung soll möglichst sanft und in Etappen erfolgen. In einem ersten Schritt werden lediglich die Stockwerke vom Erdgeschoss bis zum 3. Obergeschoss des Hauptbaus wieder in Betrieb genommen, der Zubau übernimmt dabei die Rolle des stillen Zeitzeugen. Einige Instandsetzungen, vor allem jene des Daches, sind dennoch unerlässlich, um dem weiteren Verfall vorzubeugen und eine spätere Revitalisierung nicht auszuschließen. Zu einem späteren Zeitpunkt könnten, dem Bedarf entsprechend, Überlegungen über die Nutzung der oberen Geschosse und des Zubaus angestellt werden.

Revitalisierungskonzept

Denkmalpflegerisches Konzept

In einer ersten Phase werden das Erdgeschoss, das erste Obergeschoss sowie die beiden darüber liegenden Zimmergeschosse des Hauptbaus in Betrieb genommen. Die ursprüngliche Raumteilung sowie die Materialien, die Farbgebung, sowie einige wenige Möbel sind hier erhalten. Im 4. Obergeschoss, im Dachgeschoss und im Zubau bieten sich aufgrund der entfernten, beziehungsweise nie errichteten Innenwände zahlreiche Nutzungsmöglichkeiten. Zusätzliche Zimmer wären hier ebenso denkbar wie temporäre kulturelle Nutzungen.

Die Funktionen

Die geplante Nutzung entspricht jener einer Herberge mit verschiedenen Zimmerklassen, die sowohl über Zimmer mit privatem Bad, als auch über einfache Schlafmöglichkeiten mit Gemeinschaftsbad verfügt. In diesem Sinn können die Räumlichkeiten in großen Teilen ihre ursprüngliche Nutzung beibehalten.

Im Erdgeschoss beginnend, können der Schiraum und die Garderobe im Winter von Tourengehern und Wanderern genutzt werden. Die Küche ist in ihrer Größe angemessen und kann ebenfalls im Erdgeschoss bleiben. Um einen schnellen Speisentransport dennoch garantieren zu können, wird der Speisenaufzug erneuert. Die ehemaligen Personalzimmer werden zu Lagerräumen umfunktioniert. Die Wäscherei bleibt ebenfalls in ihrer Funktion erhalten. Die Taverne kann für längere abendliche Feiern sowie als Einkehr für die vom nahegelegenen Parkplatz startenden Wanderer wieder in Betrieb genommen werden.

Über die Haupttreppe gelangen sowohl Gäste als auch Personal in die oberen Stockwerke.

Im 1. Obergeschoss wird das Restaurant in den beiden Räumen angesiedelt, in denen es schon vorher war. Die Trennwand bleibt hier erhalten, um die Idee der ehemaligen Klassentrennung vermitteln zu können. Der Aufenthaltsraum, das Kaminzimmer und die Bar behalten ebenso ihre Nutzungen bei. Der Tresen der Bar kann repariert werden. Die gute Dokumentation ermöglicht hier eine Rekonstruktion der Möbel nach den Plänen Pontis. Die kleine Rezeption ist ebenfalls gut erhalten und wird instandgesetzt. Der ehemalige Friseursalon dient als Büro, in den anderen Zimmern dieses Stockwerks werden Personalzimmer und eine kleine Wohnung für die Direktion untergebracht.

Der äußerst baufällige Zustand der Terrasse lässt den Versuch einer Reparatur sinnlos erscheinen. Ein Abriss kann hier wohl kaum vermieden werden. Dennoch könnte die Terrasse als wesentliches Merkmal der architektonischen Formensprache des Hotels in der ursprünglich von Gio Ponti geplanten Länge neu errichtet werden. Die neue Konstruktion hebt sich in ihrer Materialität klar ersichtlich vom Bestand ab. Durch diesen Eingriff wird der Zugang zur Taverne wieder deutlich sichtbar und auch der Lichteinfall in die östlichen Räume des Erdgeschosses wird verbessert.

Die nordseitig gelegene Eingangssituation zeigt sich in einem ähnlich schlechten Zustand. Der Putz der Stützen ist gänzlich abgebrochen, aufgrund fehlender Ziegel verjüngen sich zwei der Stützen nach oben hin. Diese könnten als Zeugen des langen Verfalls in dieser Form erhalten werden, wohingegen die Überdachung erneuert werden könnte.

In den beiden Zimmergeschossen werden die Trennwände beibehalten und Abrisse vermieden, um das Farbschema zu erhalten. Dennoch sind in diesen Stockwerken tiefreichendere Eingriffe nötig, um die sanitären Einrichtungen der Zimmer in Anzahl und Ausstattung den aktuellen Standards anzupassen.

Die ehemaligen Touristenzimmer könnten dem Standard einer Schutzhütte entsprechen und werden wieder mit Stockbetten ausgestattet. Die bereits bestehenden Sanitärräume behalten ihre Nutzung. Allerdings wird die Anzahl der Badezimmer erhöht und einige der nordseitig gelegenen Zimmer werden zu Gemeinschaftsbädern umfunktioniert.

Im ehemaligen Gästetrakt verfügen jeweils zwei Zimmer pro Stockwerk über ein privates, bereits bestehendes Badezimmer. Die anderen Zimmer werden je nach Größe als Einzel- oder Doppelzimmer genutzt. Die Nutzung als Einzelzimmer erlaubt die Integration eines kleinen Sanitärbereichs. Handelt es sich um ein Doppelzimmer, befindet sich das private Bad auf der anderen Seite des Ganges in einem nordseitig gelegenen Zimmer.

Die Sanitärbereiche werden simpel gehalten, jene der Einzelzimmer könnten entsprechend kompakt geplant werden. Für die Badezimmerausstattung werden freistehende Duschen und Wannen gewählt, die Waschbecken und WC's werden an einer vorgesetzten Wand installiert, um die baulichen Eingriffe am Bestand auf ein Minimum zu beschränken. Die Zimmermöblierungen werden aus Holz gefertigt, die Bettbezüge und die Vorhänge werden wieder farblich auf den jeweiligen Raum abgestimmt und der Linoleumboden wird ersetzt.

Die oberen, aus der Aufstockung entstandenen, Stockwerke werden vorerst nicht genutzt. Hier könnte im Treppenhaus eine Lösung für eine provisorische Abgrenzung gefunden werden, die bei einem Entscheid für eine weitere Instandsetzung wieder entfernt werden könnte. Insgesamt bietet das Hotel somit etwa 80 Betten.

Da sich das Hotel in einem Naturschutzgebiet befindet und, um überflüssigen Verkehr zu vermeiden, könnte der Forstweg zum Hotel auch für Gäste geschlossen bleiben. Fünf Gehminuten entfernt befindet sich ein Parkplatz für die Gäste, eventuelle Gepäcktransporte können vom Hotel organisiert werden und die Lieferungen an das Hotel können auch über den Forstweg abgewickelt werden.

Die Schäden und deren Behebung

Vor jeglichen anderen Eingriffen wird eine statisch-konstruktive Untersuchung gemacht, um festzustellen, ob das Tragwerk im Zuge der Aufstockung oder durch die über einen langen Zeitraum einwirkende Feuchtigkeit negativ beeinflusst worden ist.

Putz, außen An den Fassaden wird der an zahlreichen Stellen schadhafte Putz ergänzt. Am nordseitigen Anschluss zum Zubau sind die Schäden massiv. Da hier die Ziegelmauerung bereits freigelegt und teilweise beschädigt ist, müsste auch diese repariert werden. Die an einigen Stellen, vor allem an der Nordseite der Garage, angebrachte Graffiti von Besuchern könnten als Erinnerung an die ruinösen Zeiten erhalten werden.

Dach Die Holzkonstruktion des Daches des Hauptbaus zeigt sich an einigen Stellen feucht und teilweise durchgefault. Die Dacheindeckung ist komplett zu erneuern und, nach einer eingehenden Untersuchung, müssten sicherlich auch Teile der Holzkonstruktion, eventuell sogar die gesamte Dachkonstruktion erneuert werden. Dasselbe gilt für den Zubau – auch wenn für dessen zukünftige Nutzung noch keine konkreten Pläne bestehen. Neben der Reparatur des Daches müssten sämtliche Regenrinnen sowie Fallrohre erneuert werden.

Fenster und Fensterläden Die noch vorhandenen Fenster könnten restauriert und die nicht mehr erhaltenen, dem Muster der Bestandsfenster entsprechend, nachgebaut werden. Fenster sind nur mehr teilweise intakt, da ein oder mehrere Fensterflügel entfernt worden sind. Zahlreiche Fensterflügel liegen aber im Gebäude verteilt herum und könnten, je nach Zustand, wieder repariert und eingesetzt werden. Die Verglasungen sind bis auf einzelne Ausnahmen beschädigt und müssten ersetzt werden. Die Situation der Fensterläden ist ähnlich, die erhaltenen Läden werden repariert, fehlende könnten dem Bestand gemäß nachgebaut werden.

Putz, innen In den Innenräumen lässt sich ein Großteil der Schäden auf die eindringende Feuchtigkeit und Arbeiten während der Aufstockung zurückführen. In den gut erhaltenen Räumen und an jenen Stellen, wo sich die Putzoberfläche nur stellenweise feucht oder verschmutzt zeigt, ist eine Konsolidierung sinnvoll, um die bestehenden Muster bestmöglich zu erhalten. Wo der Putz fehlt, soll er ergänzt und farblich eingepasst werden. Die am stärksten von Feuchtigkeit betroffenen Räume befinden sich in der nordöstlichen Ecke des Hauptbaus. An dieser Stelle erscheinen Reparaturmaßnahmen aufgrund des Ausmaßes von Schäden wenig zielführend. Hier könnte der beschädigte Putz entfernt, und nach erfolgten Trocknungsmaßnahmen die Decken oder Wände in Zusammenarbeit mit Künstlern gestaltet werden.

Leitungsführung Auf den Originalplänen Pontis sind die Rohrführungen von Wasser- und Abwasserleitungen eingezeichnet. Deren Position müsste überprüft und Leitungen erneuert werden. Dennoch werden punktuell Deckendurchbrüche für Schächte aufgrund der Erhöhung der Anzahl der sanitären Einrichtungen nicht zu vermeiden sein.

Bäder Fehlende und beschädigte Fliesen der Bäder könnten durch weiße, vielleicht vereinzelt auch farbige, ersetzt werden. Dadurch könnte die *vivacità*, die diese Farbigkeit ausdrückt, wenn auch nicht vollständig, im Sinne einer gealterten Lebhaftigkeit dennoch angedeutet werden.

Türen Von den originalen Türen sind außen wie innen nur wenige erhalten. Die Außentüre der Taverne, der ebenerdige Eingang in den Versorgungstrakt im Erdgeschoss, ein Flügel der Tür in das Touristenrestaurant sowie vereinzelte Zimmer- und Badezimmertüren existieren noch und könnten nach einer Reparatur wieder eingesetzt werden.

Böden Die in allen Räumen vom 1. bis zum 3. Obergeschoss, abgesehen von den Bädern, verlegten Linoleumböden spielen eine wichtige Rolle im Entwurf – sowohl die Eigenschaften des Materials, als auch dessen Farbigkeit. Wie bereits erwähnt, sind die Farben großteils ausgebleicht und das Material ist brüchig. Dessen ungeachtet tragen die Linoleumböden einen wesentlichen Teil zum ästhetischen Gesamtbild des Gebäudes bei und bilden einen essentiellen Bestandteil von Gio Pontis Konzept. Soweit die Farbe dieser Böden erkennbar ist, könnten sie durch neue, farblich möglichst ähnliche ersetzt werden.

Treppen Die Haupttreppe muss auf ihre Tragfähigkeit überprüft und instandgesetzt werden, anschließend könnte das Geländer nach den vorhandenen Plänen rekonstruiert werden. Die Position der Holzstäbe ist in den teilweise vorhandenen Wangen ablesbar. Nicht wenige hölzerne Tritt-und Setzstufen sowie die Treppenwangen sind erhalten und können ebenfalls instand gesetzt werden.

Möbel Die wenigen erhaltenen Möbel, wie beispielsweise der Tresen und die Rezeption, aber auch die beiden vermutlich durch einen Brand beschädigten Stockbetten im Erdgeschoss, könnten repariert und wiederverwendet werden.

Epilog

Die zeitgenössische Denkmalpflege hat sich über mehr als ein Jahrhundert ein Instrumentarium erarbeitet, das ihr erlaubt, bei baulichen Maßnahmen differenziert vorzugehen. Vor dem Hintergrund konsolidierter Grundsätze, die spätestens seit der Charta von Venedig von 1964 – mindestens im europäischen Kontext – einen großen Konsens erlangt haben, sollten denkmalpflegerische Eingriffe möglichst prinzipiellen Leitlinien folgen.[1] Eine zentrale Rolle spielt dabei die Authentizität des Denkmals. Seine besondere Qualität, als Relikt aus einer früheren Zeit, in seiner Materialität und Erscheinung aller Zeitschichten seines Daseins Zeugenschaft abzulegen, erfordert ein behutsames Vorgehen. Diese Grundhaltung hat vor mehr als einem Jahrhundert Georg Dehio mit der Devise „konservieren, nicht restaurieren" propagiert und warnte davor, mit allzu rigorosen erneuernden Eingriffen die Echtheit des Denkmals und damit auch seine Botschaft aus der Vergangenheit zu kompromittieren.[2] Implizit ist damit ganz konkret gemeint, dass einer Erneuerung und einem Ersatz die Reparatur vorzuziehen ist und derart auch die Möglichkeit besteht, die Gebrauchsspuren und die Patina eines Denkmals anschaulich zu bewahren.

Solches ist leicht gesagt, aber nicht immer in vollem Umfang zu bewerkstelligen. Weil „eine der Gesellschaft nützliche Funktion" und ein dem Denkmal angemessener Gebrauch wünschenswert sind (Charta von Venedig, Art. 5) und dessen Überleben befördern, sind das bewusste Ausloten einer akzeptablen Balance zwischen dem Bewahren und der Erneuerung und damit die Bewertung seiner unterschiedlich gelagerten Wertigkeit und seines Zustands fundamental. Voraussetzung dazu ist eine akribische Untersuchung des Objekts und seiner Geschichte. Im Falle des Hotels Valmartello al Paradiso del Cevedale wurde versucht, in der Durchdringung seiner in unterschiedlichem Maße noch vorhandenen materiellen Zeugenschaft und notwendiger baulicher Maßnahmen einen Weg aufzuzeigen, um sein Fortbestehen in einem ihm würdigen Gebrauch zu gewährleisten.

1 Charta von Venedig 1964, in: Internationale Grundsätze und Richtlinien der Denkmalpflege, Principes et directives internationaux pour la conservation. International Principles and Guidelines of Conservation, hrsg. vom Internationalen Rat für Denkmalpflege ICOMOS, Deutsches Nationalkomitee, München; ICOMOS Luxemburg; ICOMOS Österreich; ICOMOS Schweiz; Englisch; Deutsch; Französisch, München 2012.

2 Georg Dehio, Denkmalschutz und Denkmalpflege im neunzehnten Jahrhundert, in: Georg Dehio / Alois Riegl: Konservieren, nicht restaurieren. Streitschriften zur Denkmalpflege um 1900, mit einem Kommentar von Marion Wohlleben und einem Nachwort von Georg Mörsch, Braunschweig, Wiesbaden 1988, besonders S. 102.

Anhang

Raumbuch

Die große Anzahl Zimmer erfordert
ein Raumbuch in tabellarischer
Form. Der Zustand der einzelnen
Bauteile der Räume wird mit gut
(+), variierend (~), schlecht (–) und
nicht identifizierbar (n. i.) angeführt.
Details sind im Kapitel Bestandsanalyse I Schadensbild einsehbar.

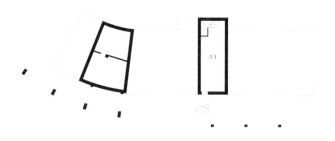

Grundriss Kellergeschoss

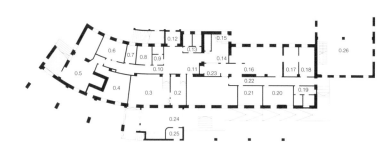

Grundriss Erdgeschoss

Keller und Erdgeschoss	Fakten / Zustand	Anmerkung
 **– 1.1** Keller	Fläche: 44,8 m² Höhe: 1,70 m Boden: Estrich / (rissig) Wände: Beton / + Decken: Beton / + 0 Türen 1 Fenster: Holz, lackiert / +	Regale teilweise noch vorhanden; Reste von Möbeln, Paletten und Kisten; Fenster führt unter der Treppe zum Ausschank
0.1 Ausschank	Fläche: 35,8 m² Höhe: 2,29 m Boden: Holzparkett / n. i. Wände: Putz, gelb/weiß / – Decken: Putz, weiß / + 1 Türe: Holz, lackiert / – 1 Fenster: Holz, lackiert / –	grün lackierte Fenster und Türe; Tresen umgeschmissen, aber erhalten; Kamin in Resten sichtbar; Holzstützen erhalten; Möblierung auf altem Foto gut erkennbar

0.2 beheizte Garderobe

Fläche: 11,5 m²

Höhe: 2,80 m

Boden: Fliesen / n.i.

Wände: Putz, weiß / +

Decken: Putz, weiß / +

0 Türen

0 Fenster

mehrere beschädigte Fenster und Türen auf dem Boden; Verbindungstüre (Holz, rot) am Boden; Abweichungen zum Plan von 1937

0.3 Schiraum

Fläche: 32,0 m²

Höhe: 3,20 m

Boden: Fliesen / n.i.

Wände: Putz, weiß / +

Decken: Putz, gelb / +

0 Türen

0 Fenster

mehrere Fensterflügel (Holz, rot), am Boden; Türstock zum Gang ausgerissen; Lampe erhalten; Abweichungen zum Plan von 1937

0.4 Heizraum und Keller

Fläche: 22,9 m² / 22,4 m²

Höhe: 4,40 m

Boden: n.i. / n.i.

Wände: Beton / +

Decken: Beton / +

0 Türen

0 Fenster

Geräte erhalten; Heizraum und Keller nur über eine Leiter erreichbar und nicht begangen; Abweichungen zum Plan von 1937

0.5 Wäscherei und Abstellraum

Fläche: 39,7 m² / 10,4 m²

Höhe: 2,29 m

Boden: Fliesen / +

Wände: Putz, weiß / ~ feucht

Decken: Putz, weiß / +

0 Türen

2 Fenster: Holz, lackiert / – schadhaft

Bügelmaschine und Waschgeräte erhalten (Stahl, türkis); Waschbecken (Beton) erhalten; erhaltene Fensterflügel am Boden

0.6 Personalzimmer

Fläche: 12,8 m²

Höhe: 2,29 m

Boden: Fliesen / n.i.

Wände: Putz, weiß / –

Decken: Putz, weiß / –

0 Türen

1 Fenster: Holz, lackiert / – schadhaft

Verfärbungen aufgrund eines Brandes, 2 Stockbetten erhalten, vermutlich gleiches Modell wie in Touristenzimmer

0.7 Bad, Personal

Fläche: 4,80 m²
Höhe: 2,29 m
Boden: Fliesen / n.i.
Wände: Fliesen/Putz, weiß/gelb / +
Decken: Putz, gelb / +
0 Türen
1 Fenster: Holz, lackiert / +

weiß lackierte Fenster; Türstock
wurde herausgerissen;
WC und Spülkasten erhalten

0.8 Krankenzimmer

Fläche: 7,30 m²
Höhe: 2,29 m
Boden: Fliesen / n.i.
Wände: Fliesen/Putz, weiß / –
Decken: Putz, weiß / +
0 Türen
1 Fenster: Holz, lackiert / – schadhaft

weiß lackierte Fenster; stark
verschmutztes Zimmer;
Reste des Waschbeckens am Boden;
Fliesen großflächig abgeschlagen

0.9 WC und Vorraum

Fläche: 2,90 m²
Höhe: 2,29 m
Boden: Fliesen / n.i.
Wände: Fliesen/Putz, weiß/gelb / +
Decken: Putz, gelb / +
0 Türen
0 Fenster

Heizkörper erhalten; Fenster Richtung
Gang (Holz, lackiert) ebenfalls erhalten

0.10 Gang

Fläche: 12,40 m²
Höhe: 2,29 m
Boden: Fliesen / +
Wände: Putz, weiß / – verfärbt
Decken: Putz, gelb / ~ feucht
0 Türen
0 Fenster

Putzstreifen (rot, ca. 15 cm hoch) an
den Wänden; in Nischen versteckter
Wandschrank teilweise erhalten

0.11 Vorraum

Fläche: 24,00 m²
Höhe: 2,29 m
Boden: Fliesen / ~ abgeschlagen
Wände: Putz, weiß / ~ verfärbt
Decken: Putz, gelb / +
0 Türen
0 Fenster

Putzstreifen (rot, ca. 15 cm hoch) an
den Wänden; Schrank am Boden;
Heizkörper (gelb) erhalten

Anhang

0.12 Wachszimmer

Fläche: 4,60 m²

Höhe: 2,29 m

Boden: Estrich / n. i.

Wände: Putz, weiß / – sehr feucht

Decken: Putz, weiß / – sehr feucht

1 Türen: Holz, lackiert

0 Fenster

vermutlich Raum zur Skipräparierung; Raum mit großen Feuchtigkeitsschäden; Tür mit Durchreiche gut erhalten; Arbeitsplatte erhalten

0.13 Vorraum und 2 WCs

Fläche: 2,80 m² / 2,70 m² / 2,70 m²

Höhe: 2,29 m

Boden: Fliesen / +

Wände: Fliesen/Putz, w./g. / ~ feucht

Decken: Putz, gelb / ~ feucht

1 Türe: Holz, lackiert / +

1 Fenster: Holz, lackiert / +

gelb lackierte Türe, weiß lackiertes Fenster; Räume stellenweise feucht; Sanitäreinrichtung zerschlagen; ein Fenster wurde zugemauert; Fenster zum Gang zerschlagen

0.14 Vorraum Haupttreppe

Fläche: 10,70 m²

Höhe: 2,29 m

Boden: Fliesen / +

Wände: Putz, weiß / +

Decken: Putz, gelb / +

0 Türen

0 Fenster

großes Holzmöbel am Boden; Funktion nicht definierbar

0.15 Haupttreppe

Fläche: 7,80 m²

Höhe: –

Boden: Holz / n. i.

Wände: Putz, weiß / ~ feucht

Decken: Putz, gelb / – feucht

0 Türen

2 Fenster: 1 Holz, lackiert / +

an den Wänden ist ein weißer Streifen sichtbar, wo ehemals Holzplatten angebracht waren (Treppendesign); nur im EG rechteckige Fenster

0.16 Küche

Fläche: 39,10 m²

Höhe: 2,29 m

Boden: Fliesen / n. i.

Wände: Fliesen/Putz, w./w./ ~ feucht

Decken: Putz, weiß / – verfärbt

1 Türe: Holz, lackiert / – schadhaft

0 Fenster

gelb lackierte Türe; viele Küchenmaschinen sind erhalten: u. a. Kochinsel, Spülmaschine, Grill; Farbe der Einrichtung: türkis

0.17 Küche Nebenraum

Fläche: 11,40 m²
Höhe: 2,29 m
Boden: Fliesen / n.i.
Wände: Fliesen/Putz, w./w. / ~ feucht
Decken: Putz, weiß / – verfärbt
0 Türen
0 Fenster

Spülbecken und Backofen erhalten;
Farbe der Einrichtung: türkis

0.18 Küche Nebenraum

Fläche: 11,80 m²
Höhe: 2,29 m
Boden: Fliesen / n.i.
Wände: Fliesen/Putz, weiß / ~ feucht
Decken: Putz, weiß / – verfärbt
0 Türen
0 Fenster

Regal erhalten

0.19 Kühlraum

Fläche: 4,40 m² / 2,40 m² / 3,00 m²
Höhe: 2,29 m
Boden: Fliesen / +
Wände: Fliesen/Putz, weiß / ~
Decken: Putz, weiß / +
0 Türen
0 Fenster

die Fenster wurden zugemauert;
innen sind Nischen sichtbar; außen
wurden die Fensterläden erhalten; in
Plänen von 1937 als WC vermerkt

0.20 Zimmer, Personal

Fläche: 15,20 m²
Höhe: 2,29 m
Boden: Holzparkett / n.i.
Wände: Putz, weiß / ~ verfärbt
Decken: Putz, weiß / +
0 Türen
1 Fenster: Holz, lackiert / +

Bauschutt am Boden; Leitung in
Wand freigelegt; Zweifel an Nutzung:
es gibt Hinweise auf Personal-
schlafzimmer im Bettenlager im DG,
vielleicht auch Esszimmer

0.21 Zimmer, Personal

Fläche: 12,50 m²
Höhe: 2,29 m
Boden: Linoleum / n.i.
Wände: Putz, gelb/weiß / – verfärbt
Decken: Putz, gelb / – verfärbt
1 Türe: Holz, lackiert / +
0 Fenster

Müll am Boden; erkennbar, dass ein
Waschbecken vorhanden war; Raum-
nutzung unklar

Anhang

0.22 Gang

Fläche: 18,30 m²
Höhe: 2,29 m
Boden: Fliesen / +
Wände: Putz, weiß / – verfärbt
Decken: Putz, weiß / – verfärbt
1 Türen: Holz, lackiert / +
0 Fenster

Putzstreifen (rot, ca. 15 cm hoch, an den Wänden; an den Wänden sind Leitungen freigeschlagen

0.23 Office

Fläche: 7,90 m²
Höhe: 2,29 m
Boden: Fliesen / n. i.
Wände: Fliesen/Putz, weiß / +
Decken: Putz, weiß / +
0 Türen
0 Fenster

Regal und Möbel teilweise erhalten (Holz gelb lackiert)

0.24 Abstellraum unter Terrasse

Fläche: 27,90 m²
Höhe: 3,20 m
Boden: n. i.
Wände: Putz, weiß / – schadhaft
Decken: Putz, gelb / – schadhaft
0 Türen
1 Fenster: Holz, lackiert / ~ schadhaft

Raum stark verschmutzt; ein Fenster wurde zugemauert; teilweise ist die Decke durchgebrochen

0.25 Abstellraum unter Terrasse

Fläche: 4,80 m²
Höhe: 3,20 m
Boden: n. i.
Wände: Putz, weiß / – bröckelt
Decken: Ziegel / – schadhaft
1 Türen: Holz, lackiert / +
0 Fenster

rot / gelb lackierte Türe; Putz nur mehr in Resten sichtbar; Fenster (rund) wurde komplett entfernt

0.26 Zubau, unvollendeter Rohbau

Fläche: 200,00 m²
Höhe: 2,29 m
Boden: Erdreich
Wände: Ziegel / +
Decken: Ziegel / +
1 Türe: Holz, lackiert / +
14 Fenster: Holz, lackiert / ~

weiß lackierte Fenster und Türe; einige Fensterflügel liegen ausgerissen am Boden

0.27 Garage, unvollendet, Rohbau

Fläche: 360,00 m²
Höhe: 2,62 – 5,18 m
Boden: Erdreich
Wände: Ziegel / +
Decken: Beton/Holz / +
12 Rolltore: braun / +
14 Fenster: Holz, lackiert / ~

weiß lackierte Fenster; Schutt, Fenster,
Matratzen am Boden; große Mengen
an Ziegel gelagert; Besonderheit:
Kombination von Holz und Beton bei
Decke

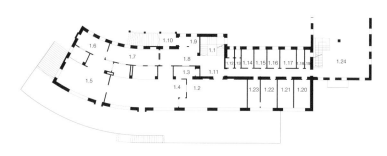

Grundriss 1. Obergeschoss

1. Obergeschoss	Fakten / Zustand	Anmerkung

1.1 Haupttreppe

Fläche: 12,10 m²
Höhe: –
Boden: Holz
Wände: Putz, weiß / ~ feucht
Decken: Putz, gelb / – feucht
0 Türen
2 Fenster: Holz, lackiert / +

ehemaliger Holzstreifen auf Geländer-
höhe (Teil des Treppendesigns) als
weißer Streifen erkennbar; blaue Farbproben an der Wand; Rollrasen aus
dem Film „Lafnetscha" am Boden;

1.2 Restaurant, Touristen (2. Klasse)

Fläche: 46,90 m²
Höhe: 3,02 m
Boden: Linoleum / – spröde
Wände: Putz, weiß / +
Decken: Putz, hellrot / +
1 Türe: Holz, lackiert / +
2 Fenster: Holz, lackiert / +

grünblauer Linoleumboden;
weiß lackierte Türe; 1 Flügel der Ein-
gangstüre erhalten; anderer Türflügel
(Holz, weiß/ gelb lackiert) am Boden;
Vorhangschiene erhalten

1.3 Office

Fläche: 6,70 m²
Höhe: 3,02 m
Boden: Linoleum / – spröde
Wände: Holz, möbliert / ~ schadhaft
Decken: Putz, weiß / +
0 Türen
0 Fenster

grünblauer Linoleumboden; komplett
möblierte Wand; Möbeltüren fehlen;
teilweise mit Linoleum verkleidet

1.4 Restaurant, Hotelgäste (1. Klasse)

Fläche: 75,7 m²
Höhe: 3,02 / 2,55 m
Boden: Linoleum / n. i.
Wände: Putz, weiß / +
Decken: Putz, gelb / rot / +
1 Türe Holz, lackiert / – schadhaft
2 Fenster: Holz, lackiert / ~ schadhaft

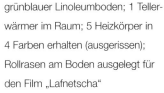

grünblauer Linoleumboden; 1 Teller-
wärmer im Raum; 5 Heizkörper in
4 Farben erhalten (ausgerissen);
Rollrasen am Boden ausgelegt für
den Film „Lafnetscha"

1.5 Aufenthaltsraum

Fläche: 51,10 m²
Höhe: 3,02 / 2,70 m
Boden: Linoleum / – spröde
Wände: Putz, weiß / – schadhaft
Decken: Putz, blau / +
0 Türen
2 Fenster: Holz, lackiert / ~ schadhaft

Kamin gut erhalten; Ofen steht im
Raum; Terrassentüre mit einem
Zimmertürflügel vernagelt; 1 Türflügel
(Holz, weiß lackiert) lehnt an der Wand

1.6 Kaminzimmer

Fläche: 13,30 m²
Höhe: 2,70 m
Boden: Linoleum / – verfärbt
Wände: Putz, weiß / +
Decken: Putz, blau / +
0 Türen
1 Fenster: Holz, lackiert / +

Kamin gut erhalten; Holzleisten an
der Wand noch teilweise vorhanden;
Türstock zur Bar herausgerissen

1.7 Bar

Fläche: 22,00 m²
Höhe: 2,70 m
Boden: Linoleum / – verfärbt
Wände: Putz, weiß / +
Decken: Putz, rot / +
0 Türen
3 Fenster: Holz, lackiert / +

roter Linoleumboden; erhaltene
Einrichtungsgegenstände: Tresen und
dahinterliegende Holzverkleidung (+);
Regal in Fensternische; Lampe (+);
Rückenlehne der Sitzbank (+)

Raumbuch

Fläche: 15,6 m² / 13,0 m²
Höhe: 2,70 m / 3,02 m
Boden: Linoleum / – spröde
Wände: Putz, weiß / +
Decken: Putz, weiß / +
0 Türen

1.8 Halle und Vorraum der Haupttreppe   0 Fenster

grünblauer Linoleumboden; 1 Ofen
erhalten; 1 Heizkörper (grün) erhalten; vergittertes Fenster; 1 Nische
(Holzverkleidung, lackiert); teilweise
Holzleisten an den Wänden erhalten

Fläche: 4,00 m²
Höhe: 2,70 m
Boden: Holzparkett / +
Wände: Putz, gelb / – beschmiert
Decken: Putz, weiß / +
0 Türen

1.9 Rezeption   0 Fenster

Pult inkl. Schwingtüre erhalten (~); an
Rückwand sind (Telefon-) Anschlüsse
sichtbar; 1 Heizkörper (gelb) erhalten

Fläche: 2,60 m²
Höhe: 2,70 m
Boden: Linoleum / – spröde
Wände: Holzverkl., lackiert / +
Decken: Holzverkl., lackiert / +
0 Türen

1.10 Eingang   0 Fenster

grünblauer Linoleumboden; 1 Fensterflügel liegt am Boden

Fläche: 7,60 m² / 10,70 m²
Höhe: 3,02 m
Boden: Linoleum / – spröde
Wände: Putz, weiß / +
Decken: Putz, gelb / ~ feucht
0 Türen

1.11 Gang   0 Fenster

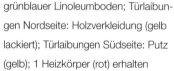

grünblauer Linoleumboden; Türlaibungen Nordseite: Holzverkleidung (gelb
lackiert); Türlaibungen Südseite: Putz
(gelb); 1 Heizkörper (rot) erhalten

Fläche: 2,20 m² / 1,20 m²
Höhe: 3,02 m
Boden: Fliesen / n. i.
Wände: Fliesen/Putz, w. / g. / +
Decken: Putz, gelb / +
1 Türe: Holz, lackiert/ +

1.12 WC und Vorraum   1 Fenster: Holz, lackiert / +

weiß/ gelb lackierte Türe, weiß lackiertes Fenster; WC zerschlagen

1.13 WC und Vorraum

Fläche: 1,50 m² / 1,30 m²
Höhe: 3,02 m
Boden: Fliesen / n. i.
Wände: Fliesen / Putz, w. / g. / +
Decken: Putz, gelb / +
0 Türen
1 Fenster: Holz, lackiert / +

weiß lackiertes Fenster; Reste des
WCs erhalten; Handtuchhalter
erhalten

1.14 Friseur

Fläche: 5,90 m²
Höhe: 3,02 m
Boden: Linoleum / n. i.
Wände: Putz, weiß / beige / ~ feucht
Decken: Putz, rot / +
0 Türen
1 Fenster: Holz, lackiert / +

roter Linoleumboden; rot lackiertes
Fenster; Friseurtisch noch teilweise
erhalten (Holz, rot lackiert)

1.15 Zimmer, Touristen

Fläche: 5,90 m²
Höhe: 3,20 m
Boden: Linoleum / n. i.
Wände: Putz, weiß / +
Decken: Putz, gelb / +
0 Türen
0 Fenster

Linoleumstreifen hinter Waschbecken
erhalten, löst sich allerdings ab

1.16 Zimmer, Touristen

Fläche: 5,90 m²
Höhe: 3,20 m
Boden: Linoleum / – verfärbt
Wände: Putz, weiß / – feucht
Decken: Putz, hellrot / – verfärbt
0 Türen
0 Fenster

Linoleumstreifen hinter Waschbecken
erhalten; Zimmer mit hellroter Decke
und gelber Fensterlaibung (vielleicht
verfärbt)

1.17 Zimmer, Touristen

Fläche: 7,80 m²
Höhe: 3,02 m
Boden: Linoleum / – verfärbt
Wände: Putz, weiß / ~ feucht
Decken: Putz, grün / ~ feucht
0 Türen
0 Fenster

Linoleumstreifen teilweise erhalten;
Handtuchhalter erhalten; an der
Decke (feuchtes rechtes Eck) schim-
mert ein gelber Ton durch

1.18 Bad, Touristen

Fläche: 3,60 m²
Höhe: 3,02 m
Boden: Fliesen / n.i.
Wände: Fliesen, weiß / +
Decken: Putz, gelb / +
0 Türen
1 Fenster: Holz, lackiert / +

weiß lackierte Holztüre; Heizkörper
erhalten

1.19 WC, Touristen

Fläche: 2,50 m²
Höhe: 3,02 m
Boden: Fliesen / n.i.
Wände: Fliesen/Putz, w./g./ – feucht
Decken: Putz, gelb / – feucht
0 Türen
0 Fenster

Reste des WCs vorhanden

1.20 Zimmer, Touristen

Fläche: 11,90 m²
Höhe: 3,02 m
Boden: Linoleum / – verfärbt
Wände: Putz, weiß / +
Decken: Putz, hellrot / +
0 Türen
1 Fenster: Holz, lackiert / – schadhaft

Fenster wurde 1952 vergrößert
(gleiches Fensterformat wie in den
Restaurants); Aufständerung sowie
Bauschutt wurden nie entfernt

1.21 Zimmer, Touristen

Fläche: 11,90 m²
Höhe: 3,02 m
Boden: Linoleum / n.i.
Wände: Putz, weiß / +
Decken: Putz, blau / +
0 Türen
0 Fenster:

Fenster wurde 1952 vergrößert
(gleiches Fensterformat wie in den
Restaurants); Aufständerung sowie
Bauschutt wurden nie entfernt

1.22 Zimmer, Direktion

Fläche: 11,90 m²
Höhe: 3,02 m
Boden: Linoleum / – verfärbt
Wände: Putz, weiß / +
Decken: Putz, gelb / +
0 Türen
1 Fenster: Holz, lackiert / – schadhaft

Fenster wurde 1952 vergrößert;
Träger ober Fenster sichtbar;
Bauschutt wurde nie entfernt

Anhang

1.23 Direktion

Fläche: 9,00 m²
Höhe: 3,02 m
Boden: Linoleum / – verfärbt
Wände: Putz, weiß / +
Decken: Putz, gelb / +
0 Türen
1 Fenster: Holz, lackiert / +

Fenster wurde 1952 vergrößert; Stahl-träger sichtbar; Arbeiten wurden nie vollendet; Heizkörper (gelb) erhalten

1.24 Zubau, unvollendeter Rohbau

Fläche: 200,00 m²
Höhe: 3,02 m
Boden: Estrich / n.i.
Wände: Ziegel / +
Decken: Ziegel / +
0 Türen
1 Fenster: Holz, lackiert / ~

erhaltenes aber ausgerissenes Fenster liegt am Boden; Schalung der Treppe wurde nie entfernt

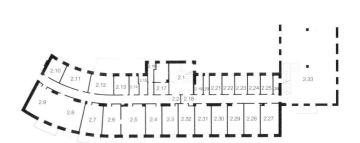

Grundriss 2. Obergeschoss

2. Obergeschoss

Fakten / Zustand

Anmerkung

2.1 Haupttreppe und Vorraum

Fläche: 12,00 m² / 7,40 m²
Höhe: / 2,51 m
Boden: Holz / – feucht
Wände: Putz, weiß / – feucht
Decken: Putz/Beton, g. / roh / ~ feucht
0 Türen
0 Fenster

Treppen: Position des ehemaligen Holzstreifens erkennbar; diverse Farbproben an der Wand; über den Fenstern unverputzte Wand der Aufstockung sichtbar

Raumbuch

2.2 Gang, Gäste

Fläche: 32 m²
Höhe: 2,51 m
Boden: Linoleum / – verfärbt
Wände: Putz, weiß / ~ feucht
Decken: Putz, weiß / blau / ~ feucht
0 Türen
0 Fenster

Muster: Streifen; (Decke und Trennwand zu Touristen); am Boden Rollrasen zum Film „Lafnetscha" sichtbar;
blaue Türlaibungen (Norden verputzt,
Süden lackiert)

2.3 Zimmer, Gäste

Fläche: 12,20 m²
Höhe: 2,51 m
Boden: Linoleum / – spröde
Wände: Putz, hellgelb / rot / +
Decken: Putz, weiß / +
0 Türen
0 Fenster

roter Linoleumboden; Muster: Punkte
(Wand); Linoleumstreifen hinter ehe-
maligem Waschbecken sichtbar

2.4 Zimmer, Gäste

Fläche: 2,70 m²
Höhe: 2,51 m
Boden: Linoleum / – feucht
Wände: Putz, weiß / +
Decken: Putz, grau / weiß / +
0 Türen
0 Fenster

grünblauer Linoleumboden; Muster:
Streifen (Decken); Heizkörper (blau)
erhalten; Linoleumstreifen hinter
Waschbecken erhalten

2.5 Zimmer, Gäste

Fläche: 18,50 m²
Höhe: 2,51 m
Boden: Linoleum / – verfärbt
Wände: Putz, gelb / weiß / +
Decken: Putz, gelb / ~ feucht
1 Türe: Holz, lackiert / –
1 Fenster: Holz, lackiert / +

Muster: Raute (Wand); Balkontürflügel
erhalten, aber ausgerissen; Heizkörper
(gelb) erhalten; Putz (Decke) an einer
Stelle großflächig ausgebrochen

2.6 Zimmer, Gäste

Fläche: 14,10 m²
Höhe: 2,51 m
Boden: Linoleum / – verfärbt
Wände: Putz, weiß / – feucht
Decken: Putz, weiß / hellrot / +
0 Türen
1 Fenster: Holz, lackiert / +

Muster: Kreise (Decke); Deckenleuch-
te erhalten; Linoleumstreifen hinter
Waschbecken erhalten

Anhang

2.7 Zimmer, Gäste

Fläche: 15,50 m²

Höhe: 2,51 m

Boden: Linoleum / – verfärbt

Wände: Putz, weiß / – feucht

Decken: Putz, grün / weiß / – feucht

1 Türe: Holz, lackiert / –

1 Fenster: Holz, lackiert / +

Muster: Streifen gekreuzt (Decke); Deckenlampe erhalten aber rostig; Balkontürflügel ausgerissen; 1 erhaltener Flügel liegt am Boden

2.8 Zimmer mit Bad, Gäste

Fläche: 15,40 m² + 4,50 m²

Höhe: 2,51 m

Boden: Estrich / +

Wände: Putz, weiß / +

Decken: Putz, rot / weiß / +

0 Türen

1 Fenster: Holz, lackiert / +

Muster: gestreift (Decke); Trennwand zu Bad und zu 2.9 entfernt; Bad: Fliesen/Putz, weiß/gelb, Zustand: (–) Fliesen abgeschlagen

2.9 Zimmer mit Bad, Gäste

Fläche: 17,30 m² + 3,70 m²

Höhe: 2,51 m

Boden: Estrich / +

Wände: Putz, weiß / +

Decken: Putz, gelb / weiß / +

1 Türe: Holz, lackiert / – ausgerissen

1 Fenster: Holz, lackiert / +

weiß lackierte Türe und Fenster; Muster: Raute (Decke); Kastenfenster gut erhalten; Balkontürflügel beide ausgerissen; Bad: Fliesen/Putz, weiß/gelb, Zustand: (–) Fliesen abgeschlagen

2.10 Einzelzimmer, Gäste

Fläche: 8,00 m²

Höhe: 2,51 m

Boden: Linoleum / – verfärbt

Wände: Putz, rot/weiß / +

Decken: Putz, weiß / +

0 Türen

0 Fenster

Muster: Streifen (Wand); Linoleumstreifen erhalten, löst sich allerdings langsam ab

2.11 Zimmer, Gäste

Fläche: 13,00 m²

Höhe: 2,51 m

Boden: Linoleum / – verfärbt

Wände: Putz, grau / weiß / +

Decken: Putz, weiß / +

0 Türen

1 Fenster: Holz, lackiert / +

Muster: Streifen (Wand); Linoleumstreifen und Handtuchhalter erhalten; ein Fenster liegt beschädigt am Boden; Heizkörper (hellblau) erhalten

2.12 Zimmer, Gäste

Fläche: 11,40 m²
Höhe: 2,51 m
Boden: Linoleum / – verfärbt
Wände: Putz, weiß/blau / +
Decken: Putz, weiß / +
0 Türen
2 Fenster: Holz, lackiert / – schadhaft

grünblauer Linoleumboden; Muster: Punkte (Wand); Linoleumstreifen erhalten, löst sich aber; zerbrochenes Waschbecken am Boden; Heizkörper (blau) erhalten

2.13 Einzelzimmer, Gäste

Fläche: 7,00 m²
Höhe: 2,51 m
Boden: Linoleum / – spröde
Wände: Putz, gelb/weiß / + verfärbt
Decken: Putz, weiß / +
0 Türen
1 Fenster: Holz, lackiert / – schadhaft

grünblauer Linoleumboden; Muster: Kreise (Wand); Kreise verfärbt, teilweise Reste von roter Farbe; Linoleumstreifen erhalten; zerbrochenes Waschbecken am Boden

2.14 Bad, Gäste

Fläche: 4,30 m²
Höhe: 2,51 m
Boden: Fliesen, gelb / +
Wände: Fliesen/Putz, g./w./ +
Decken: Putz, gelb / +
0 Türen
0 Fenster

Badewanne erhalten; Waschbecken abgeschlagen auf dem Boden; Heizkörper (weiß) erhalten

2.15 Bad, Gäste

Fläche: 4,00 m²
Höhe: 2,51 m
Boden: Fliesen / n.i.
Wände: Fliesen/Putz, g./w./ +
Decken: Putz, gelb / +
0 Türen
0 Fenster

Badewanne gemauert; teilweise abgeschlagen; WC abgeschlagen am Boden; Heizkörper (weiß) erhalten

2.16 WC, Gäste

Fläche: 1,70 m² + 2,90 m²
Höhe: 2,51 m
Boden: Fliesen, gelb / +
Wände: Fliesen/Putz, w./g./ ~ feucht
Decken: Putz, gelb / ~ feucht
0 Türen
0 Fenster

WC teilweise abgeschlagen

Anhang

2.17 Vorraum und Zimmer, Personal

Fläche: 4,50 m² + 6,40 m²

Höhe: 2,51 m

Boden: Linoleum / – spröde

Wände: Putz, weiß / ~ feucht

Decken: Putz, gelb / ~ feucht

0 Türen

0 Fenster

Linoleumstreifen löst sich von der Wand

2.18 Gang, Touristen

Fläche: 21,00 m²

Höhe: 2,51 m

Boden: Linoleum / – verfärbt

Wände: Putz, weiß / ~ feucht

Decken: Putz, gelb / ~ feucht

1 Tür: Holz lackiert / –

0 Fenster

Trennwand zu Gästen gelb–weiß gestreift; Türlaibungen nord- und südseitig: Holz (gelb) lackiert; Nische: Putz (gelb)

2.19 WC, Touristen

Fläche: 3,70 m²

Höhe: 2,51 m

Boden: Fliesen, gelb / +

Wände: Fliesen/Putz, g. / w. / +

Decken: Putz, gelb / ~ feucht

0 Türen

0 Fenster

WC liegt abgeschlagen auf dem Boden; Heizkörper (weiß) erhalten

2.20 WC, Touristen

Fläche: 2,60 m²

Höhe: 2,51 m

Boden: Fliesen / n. i.

Wände: Fliesen/Putz, g. / w. / +

Decken: Putz, gelb / +

0 Türen

0 Fenster

Heizkörper (weiß) erhalten

2.21 Zimmer, Touristen

Fläche: 5,70 m²

Höhe: 2,51 m

Boden: Linoleum / – verfärbt

Wände: Putz, weiß / +

Decken: Putz, grün / +

0 Türen

0 Fenster

Linoleumstreifen erhalten; Vorhangleiste erhalten

2.22 Zimmer, Touristen

Fläche: 5,90 m²
Höhe: 2,51 m
Boden: Linoleum / – verfärbt
Wände: Putz, weiß / +
Decken: Putz, rot / – abgebröckelt
0 Türen
1 Fenster: Holz, lackiert / +

Putz an Decke fast vollständig ab-gebröckelt, abgeschlagen; Linole-umstreifen gut erhalten; komplettes Kastenfesnter erhalten

2.23 Zimmer, Touristen

Fläche: 5,90 m²
Höhe: 2,51 m
Boden: Linoleum / – verfärbt
Wände: Putz, weiß / +
Decken: Putz,gelb / ~ feucht
0 Türen
1 Fenster: Holz, lackiert / – schadhaft

Linoleumstreifen gut erhalten (mit Holzeinfassung); Waschbecken zer-schlagen am Boden

2.24 Zimmer, Touristen

Fläche:: 5,90 m²
Höhe: 2,51 m
Boden: Linoleum / – verfärbt
Wände: Putz, weiß / – feucht
Decken: Putz, gelb/rot / – verfärbt
0 Türen
1 Fenster: Holz, lackiert / – schadhaft

Farbe Decke und Fensterlaibung nicht klar definierbar: an Rändern und an zentralen Punkten eindeutig rot, sonst blassgelb; Linoleumstreifen gut erhalten (mit Holzeinfassung)

2.25 Zimmer, Touristen

Fläche: 5,90 m²
Höhe: 2,51 m
Boden: Linoleum / n.i.
Wände: Putz, weiß / – feucht
Decken: Putz, blau / – feucht
0 Türen
1 Fenster: Holz, lackiert / – schadhaft

Linoleumstreifen erhalten (mit Holz-einfassung); Handtuchhalter erhalten; Fußboden wirkt blau durch die von der Decke abgebröckelten Farbele-mente

2.26 Bad, Touristen

Fläche: 2,60 m²
Höhe: 2,51 m
Boden: Fliesen / n.i.
Wände: Fliesen, weiß / ~ schadhaft
Decken: Putz, gelb / +
0 Türen
0 Fenster

Duschvorhangstange noch sichtbar

2.27 Zimmer, Touristen

Fläche: 14,40 m²

Höhe: 2,51 m

Boden: Linoleum / – feucht

Wände: Putz, weiß / +

Decken: Putz, rot / +

0 Türen

1 Fenster: Holz, lackiert / – schadhaft

Linoleumstreifen erhalten, mit Holzeinfassung; abgeschlagener Putz unter
Fenster: Ziegel wird sichtbar

2.28 Zimmer, Touristen

Fläche: 12,70 m²

Höhe: 2,51 m

Boden: Linoleum / – verfärbt

Wände: Putz, weiß / +

Decken: Putz, gelb / +

0 Türen

1 Fenster: Holz, lackiert / – schadhaft

ein ausgerissener Fensterflügel liegt
auf dem Boden

2.29 Zimmer, Touristen

Fläche: 12,40 m²

Höhe: 2,51 m

Boden: Linoleum / – verfärbt

Wände: Putz, weiß / +

Decken: Putz, blau / ~ feucht

0 Türen

1 Fenster: Holz, lackiert / – schadhaft

Linoleumstreifen erhalten (mit
Holzeinfassung); Putz unter Fenster
abgeschlagen: Ziegel wird sichtbar

2.30 Zimmer, Touristen

Fläche: 11,70 m²

Höhe: 2,51 m

Boden: Linoleum / +

Wände: Putz, weiß / +

Decken: Putz, gelb / +

0 Türen

1 Fenster: Holz, lackiert / +

grünblauer Linoleumboden; verhältnismäßig gut erhalten (einer der
besten im Hotel); Linoleumstreifen
erhalten (mit Holzeinfassung)

2.31 Zimmer, Touristen

Fläche: 12,40 m²

Höhe: 2,51 m

Boden: Linoleum / – fleckig

Wände: Putz, weiß / +

Decken: Putz, rot / ~ schadhaft

0 Türen

0 Fenster

Farbe der Decke verfärbt: leichter
Gelbstich ist sichtbar; Linoleumstreifen sehr gut erhalten (mit Holzeinfassung)

2.32 Zimmer, Touristen

Fläche: 12,30 m²
Höhe: 2,51 m
Boden: Linoleum / – spröde
Wände: Putz, weiß / +
Decken: Putz, grün / + verfärbt
0 Türen
1 Fenster: Holz, lackiert / +

Deckenfarbe verblasst, leichter Gelbstich zu erkennen; 1 Fensterflügel ist weiß lackiert; Linoleumstreifen erhalten (mit Holzeinfassung)

2.33 Zubau, unvollendet, Rohbau

Fläche: 200,00 m²
Höhe: 2,51 m
Boden: Aufbeton / +
Wände: Ziegel / +
Decken: Ziegel / +
0 Türen
18 Fenster: Holz, lackiert / ~

weiß lackierte Fenster, die teilweise
ausgerissen und im Raum verstreut
herumliegen

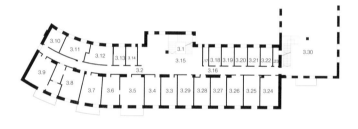

Grundriss 3. Obergeschoss

3. Obergeschoss

Fakten / Zustand

Anmerkung

3.1 Haupttreppe

Fläche: 12,00 m²
Höhe: –
Boden: Estrich / +
Wände: Ziegel / +
Decken: Beton / +
0 Türen
1 Fenster: Holz, lackiert / – schadhaft

Aufstockung von 1952 sichtbar: Aufständerung vorhanden; alte Treppe ins
DG wurde abgebrochen, Trennwände
und Böden entfernt; ein WC des
Touristentrakts entfernt

Anhang

3.2 Gang, Gästetrakt

Fläche: 22,40 m²

Höhe: 2,44 m

Boden: Linoleum / – spröde

Wände: Putz, weiß / ~ feucht

Decken: Putz, weiß/rot / ~ feucht

0 Türen

1 Fenster: Holz, lackiert / – schadhaft

weiß lackiertes Fenster; Muster: gestreift (Decke); Türlaibung nordseitig: Putz, rot; südseitig: Holz, rot lackiert; v.a. Gangmitte sehr feucht; Heizkörper (rot) erhalten

3.3 Zimmer, Gäste

Fläche: 12,20 m²

Höhe: 2,44 m

Boden: Linoleum / – spröde

Wände: Putz, weiß / ~ feucht

Decken: Putz, weiß/blau/rot/ ~ feucht

0 Türen

1 Fenster: Holz, lackiert / – schadhaft

grünblauer Linoleumboden; Muster: Streifen gekreuzt (Decke); nur ein Flügel des Fensters erhalten

3.4 Zimmer, Gäste

Fläche: 12,60 m²

Höhe: 2,44 m

Boden: Linoleum / – spröde

Wände: Putz, weiß / +

Decken: Putz, weiß/blau / +

0 Türen

1 Fenster: Holz, lackiert / – vernagelt

Muster: große Punkte (Decke); Linoleumstreifen hinter Waschbecken teilweise aufgerissen

3.5 Zimmer, Gäste

Fläche: 18,60 m²

Höhe: 2,44 m

Boden: Linoleum / +

Wände: Putz, beige / – verfärbt

Decken: Putz, weiß/rot / ~ feucht

2 Türen: Holz, lackiert / – schadhaft

0 Fenster

roter Linoleumboden; Muster: Streifen gekreuzt (Decke); Zimmer mit Verbindungstüre zu 3.6; Balkontürflügel lehnt an der Wand; Aufständerung noch vorhanden; Bauschutt am Boden

3.6 Zimmer, Gäste

Fläche: 14,10 m²

Höhe: 2,44 m

Boden: Linoleum / – verfärbt

Wände: Putz, creme/rot / ~ feucht

Decken: Putz, weiß / – feucht

0 Türen

1 Fenster: Holz, lackiert / +

Muster: Punkte (Wand); Linoleumstreifen vorhanden, löst sich allerdings ab; Verbindungstüre zu 3.5 erhalten (siehe 3.5)

3.7 Zimmer, Gäste

Fläche: 15,50 m²
Höhe: 2,44 m
Boden: Linoleum / – verfärbt
Wände: Putz, weiß / – feucht
Decken: Putz, weiß/gelb / – feucht
1 Türen: Holz, lackiert / – feucht
1 Fenster: Holz, lackiert / +

gelb lackierte Türe; weiß lackiertes Fenster; Muster: Streifen (Decke); Putz, Decke, großflächig abgebrochen; angelehnte Zimmertüre in schlechtem Zustand; Aufständerung erhalten

3.8 Zimmer mit Bad, Gäste

Fläche: 15,40 + 4,60 m²
Höhe: 2,44 m
Boden: Linoleum / – verfärbt
Decken: Putz, weiß / – verfärbt
Decken: Putz, weiß/grün / ~ feucht
0 Türen
1 Fenster: Holz, lackiert / –

Muster: Kreis (Decke); Bad: Fliesen/Putz, weiß/ gelb, Zustand: (–) schadhaft; Rest einer Badewanne erkennbar; Trennwand stark beschädigt

3.9 Zimmer mit Bad, Gäste

Fläche: 17,30 + 3,80 m²
Höhe: 2,44 m
Boden: Linoleum / – verfärbt
Wände: Putz, weiß / +
Decken: Putz, weiß/blau / +
1 Türen: Holz, lackiert / ~ schadhaft
0 Fenster

Muster: Streifen gekreuzt (Decke); Bad: Fliesen/Putz, weiß/gelb, Zustand: (–) schadhaft; Aufständerung noch vorhanden; Balkonöffnung ist mit Zimmertüre verschlossen

3.10 Einzelzimmer, Gäste

Fläche: 8,00 m²
Höhe: 2,44 m
Boden: Linoleum / – verfärbt
Wände: Putz, weiß / – feucht
Decken: Putz, weiß/gelb / – feucht
0 Türen
1 Fenster: Holz, lackiert / +

Muster: Streifen gekreuzt (Decke); Linoleumstreifen löst sich; an der Decke sind noch Abhängungen sichtbar

3.11 Zimmer, Gäste

Fläche: 12,10 m²
Höhe: 2,44 m
Boden: Linoleum / – verfärbt
Wände: Putz, weiß / – feucht
Decken: Putz, weiß/blau / – feucht
0 Türen
1 Fenster: Holz, lackiert / +

Muster: Sterne (Decke); Vorhangschienen noch erhalten

3.12 Zimmer, Gäste

Fläche: 12,20 m²

Höhe: 2,44 m

Boden: Linoleum / – verfärbt

Wände: Putz, weiß / – feucht

Decken: Putz, gelb / – feucht

0 Türen

2 Fenster: Holz, lackiert / +

allgemein in sehr schlechtem Zustand, sehr feucht; einziges Gästezimmer ohne Muster

3.13 Badezimmer, Gäste

Fläche: 5,80 m²

Höhe: 2,44 m

Boden: Fliesen, gelb / +

Wände: Fliesen/Putz, weiß/gelb / +

Decken: Putz, gelb / +

0 Türen

1 Fenster: Holz, lackiert / +

sehr gut erhaltenes, komplettes Kastenfenster; Badewanne erhalten

3.14 Badezimmer, Gäste

Fläche: 5,30 m²

Höhe: 2,44 m

Boden: Fliesen / n. i.

Wände: Fliesen/Putz, weiß/gelb / +

Decken: Putz, gelb / ~ feucht

0 Türen

0 Fenster

Boden voller Bauschutt

3.15 Vorhalle

Fläche: 49,00 m²

Höhe: 2,44 m

Boden: Estrich / +

Wände: Putz/Ziegel / ~ feucht

Decken: Ziegel/ +

0 Türen

0 Fenster

ehemals WC, Personalzimmer, Treppe ins Dachgeschoss; ehem. WC ist aufgeständert; im Bodenaufbau ist noch die Position der ehemaligen Trennwände ablesbar

3.16 Gang, Touristen

Fläche: 16,40 m²

Höhe: 2,44 m

Boden: Linoleum / – verfärbt

Wände: Putz, weiß / ~ feucht

Decken: Putz, gelb / ~ feucht

1 Türen: Holz, lackiert / ~ schadhaft

0 Fenster

gelb lackierte Türe; Türlaibungen: nord- und südseitig Holz, gelb lackiert; Feuchtigkeit vor allem Richtung Zubau; Heizkörper (gelb) erhalten

3.17 WC, Touristen

Fläche: 2,60 m²
Höhe: 2,44 m
Boden: Fliesen / n. i.
Wände: Fliesen/Putz, w./g./ +
Decken: Putz, gelb / +
0 Türen
1 Fenster: Holz, lackiert / +

weiß lackiertes Fenster; Reste des
WCs erhalten

3.18 Zimmer, Touristen

Fläche: 5,90 m²
Höhe: 2,44 m
Boden: Linoleum / – verfärbt
Wände: Putz, weiß / +
Decken: Putz, rot / – verfärbt
0 Türen
1 Fenster: Holz, lackiert / +

Linoleumstreifen löst sich; Decken mit
Balken abgehängt

3.19 Zimmer, Touristen

Fläche: 5,90 m²
Höhe: 2,44 m
Boden: Linoleum / – verfärbt
Wände: Putz, weiß / – feucht
Decken: Putz, grün / – feucht
0 Türen
1 Fenster: Holz, lackiert / +

Linoleumstreifen gut erhalten; an der
Decke Verfärbungen hin zu einem
hellen Gelbton

3.20 Zimmer, Touristen

Fläche: 5,90 m²
Höhe: 2,44 m
Boden: Linoleum / – verfärbt
Wände: Putz, weiß / – feucht
Decken: Putz, blau / – feucht
0 Türen
0 Fenster

Linoleumstreifen löst sich; kleiner
Durchbruch in der Decke von ehemals abgehängten Balken

3.21 Zimmer, Touristen

Fläche: 5,90 m²
Höhe: 2,44 m
Boden: Linoleum / – verfärbt
Wände: Putz, weiß / – feucht
Decken: Putz, gelb / – feucht
0 Türen
1 Fenster: Holz, lackiert / +

allgemein stark von Feuchtigkeit
betroffenes Zimmer

Anhang

3.22 Zimmer, Touristen

Fläche: 5,90 m²
Höhe: 2,44 m
Boden: Linoleum / n. i.
Wände: Putz, weiß / –
Decken: Putz, rot / –
0 Türen
0 Fenster

sehr feucht, Putz bröckelt großflächig ab; Linoleumstreifen löst sich; ein Fensterflügel, Holz, weiß lackiert, lehnt an Wand; Boden wirkt rot durch abgebröckelte Farbelemente der Decke

3.23 Badezimmer, Touristen

Fläche: 2,60 m²
Höhe: 2,44 m
Boden: Fliesen / n. i.
Wände: Fliesen, weiß / ~ schadhaft
Decken: Putz, gelb / – feucht
0 Türen
0 Fenster

Heizkörper (weiß) erhalten; Duschtasse und Duschstange erhalten

3.24 Zimmer, Touristen

Fläche: 14,40 m²
Höhe: 2,44 m
Boden: Linoleum / – fleckig
Wände: Putz, weiß / ~ feucht
Decken: Putz, grün / + verfärbt
0 Türen
1 Fenster: Holz, lackiert / +

grünblauer Linoleumboden; Linoleumstreifen erhalten; mit einem Balken abgehängt; in Ecke Linoleum an der Decke befestigt; Heizkörper erhalten

3.25 Zimmer, Touristen

Fläche: 12,70 m²
Höhe: 2,44 m
Boden: Linoleum / – verfärbt
Wände: Putz, weiß / ~ schadhaft
Decken: Putz, rot / +
0 Türen
1 Fenster: Holz, lackiert / +

Linoleumstreifen erhalten; ein Teil der Trennwand zu 3.26 großflächig aufgeschlagen

3.26 Zimmer, Touristen

Fläche: 12,40 m²
Höhe: 2,44 m
Boden: Linoleum / – spröde
Wände: Putz, weiß / +
Decken: Putz, gelb / ~ feucht
0 Türen
1 Fenster: Holz, lackiert / +

Linoleumstreifen teilweise erhalten, löst sich an manchen Stellen ab; die Position der Stockbetten ist anhand von Verfärbungen an den Wänden nachvollziehbar

3.27 Zimmer, Touristen

Fläche: 11,70 m²
Höhe: 2,44 m
Boden: Linoleum / – spröde
Wände: Putz, weiß / +
Decken: Putz, blau / ~ feucht
0 Türen
1 Fenster: Holz, lackiert / +

Linoleumstreifen erhalten

3.28 Zimmer, Touristen

Fläche: 12,00 m²
Höhe: 2,44 m
Boden: Linoleum / – fleckig
Wände: Putz, weiß / +
Decken: Putz, grün / ~ feucht
0 Türen
0 Fenster

grünblauer Linoleumboden; Linoleumstreifen erhalten; unter der Farbe ist
ein Gelbton erkennbar

3.29 Zimmer, Touristen

Fläche: 12,60 m²
Höhe: 2,44 m
Boden: Linoleum / – verfärbt
Wände: Putz, weiß / + fleckig
Decken: Putz, rot / +
0 Türen
0 Fenster

Linoleumstreifen erhalten

3.30 Zubau, unvollendet, Rohbau

Fläche: 200,00 m²
Höhe: 2,44 m
Boden: Aufbeton / +
Wände: Ziegel / +
Decken: Ziegel / +
0 Türen
18 Fenster: Holz, lackiert / ~

weiß lackierte Fenster, die teilweise
ausgerissen und am Boden liegen;
originale Fassadenfarbe an Seiten-
wand des Hauptbauwerks erkennbar

Anhang

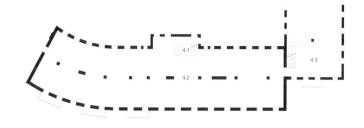

Grundriss 4. Obergeschoss

4. Obergeschoss	**Fakten / Zustand**	**Anmerkung**

4.1 Haupttreppe, unvollendet

Fläche: 12,00 m²
Höhe: –
Boden: Beton / +
Wände: Ziegel / +
Decken: Beton / +
0 Türen
0 Fenster

Aufständerung aus Holz noch vorhanden

4.2 Aufstockung unvollendet

Fläche: 379 m²
Höhe: 2,57 m
Boden: Aufbeton / +
Wände: Ziegel/Putz / +
Decken: Ziege / +
0 Türen
34 Fenster: Holz, lackiert / ~ schadhaft

weiß lackierte Fenster; südseitig: weißer Putz an Wänden sichtbar, die Laibungen sind farbig (ehem. Zimmer); nordseitig: Ziegel; Boden: Lage der Trennwände ist ablesbar

4.3 Zubau, unvollendet

Fläche: 200 m²
Höhe: 2,57 m
Boden: Aufbeton / +
Wände: Ziegel / +
Decken: Ziegel / +
0 Türen
18 Fenster: Holz, lackiert / ~ schadhaft

weiß lackierte Fenster; Aufständerung der Treppe noch vorhanden

Raumbuch

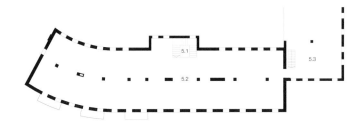

Grundriss 5. Obergeschoss

5. Obergeschoss	Fakten / Zustand	Anmerkung

5.1 Haupttreppe, unvollendet

Fläche: 12,00 m²
Höhe: –
Boden: Aufbeton / +
Wände: Ziegel / +
Decken: siehe Anmerkung
0 Türen
0 Fenster

erhöhte Erweiterung nach oben für geplanten Aufzug; Holz teilweise sehr feucht und morsch; Aufständerung aus Holz noch vorhanden

5.2 Aufstockung unvollendet

Fläche: 379 m²
Höhe: 1,55 – 2,68 m
Boden: Aufbeton / +
Wände: Ziegel / +
Decken: Ziegel/Holz / ~ feucht
0 Türen
27 Fenster: Holz, lackiert / ~ schadhaft

weiß lackierte Fenster; nordseitig ist die Holzkonstruktion des Pultdaches sichtbar; südseitig wurde eine Ziegeldecke eingezogen; darüber sehr niedriger Dachraum über Leiter zugänglich

5.3 Zubau, unvollendet

Fläche: 200 m²
Höhe: 1,55 – 4,55 m
Boden: Aufbeton / +
Wände: Ziegel / +
Decken: Ziegel/Beton / +
0 Türen
17 Fenster: Holz, lackiert / ~ schadhaft

weiß lackierte Fenster; sehr breite Öffnung Richtung Innenhof; Pultdach: Kombination von Beton- und Holzbalken; mit Dachneigung sehr große Raumhöhe

Originale Zitate italienisch

Dieser Abschnitt versammelt die im Buch übersetzten Zitate in der Originalsprache. Die Nummerierung verweist auf die jeweils dazugehörige Anmerkung in den Fußnoten.

17 „Il suo costante riferimento al classicismo fa sì che Ponti non possa essere considerato un moderno, né neppure essere stimato un tradizionalista."

36 „I visitatori possono misurare (e lo fanno!) la civiltà di un paese da quella dei suoi alberghi."

39 „Riusciremo a salvare i paesi e i villaggi alpini dalle manie di costruzione e riscostruzione pseudo razionaliste o falsomoderne, dalle scimmiottature, dalle megalomanie regolarizzatrici? Dovremmo proprio vedere le pastorelle in calze di seta e le baite in cemento armato?"

45 „L'albergo moderno deve essere nella sua struttura innanzi tutto adatto al luogo ove viene edificato, alla clientela che si vuole attirare e alle ragioni per le quali detta clientela potrà venire a soggiornare."

50 „[…] deve trattenere gli ospiti, deve farli ritornare, deve farne dei propagandisti."

52 „Non soltanto un nuovissimo albergo arricchisce il patrimonio alberghiero d'Italia, ma una nuova zona viene con esso ad arricchire il patrimonio turistico d'Italia."

56 „Scafi stupendi, macchine perfette: decorazione peggio che provinciale."

61 „Il Mediterraneo insegnò a Rudofsky, Rudofsky a me."

68 „Odio le piscine rettangolari. Sono rettangolari i laghi, i fiumi? Voglio delle piscine per ninfe. E in cui ci si tuffi dall'alto di un albero. E che abbiano un bar a fior d'acqua."

73 „La piscina e le terrazze circostanti hanno un unico rivestimento in ceramica, con un unico grande disegno continuo, che scende dalle terrazze, corre sott'acqua e riappare."

74 „Vi condusse un architetto, in un giorno in cui tutto era azzurro, per nebbia di solare calura: cielo azzurro […], mare azzurro […], lontani profili azzurri all'orizzonte, di Capri, di Ischia, di Procida […], di Posillippo […] e, in terra, del Vesuvio. Disse l'architetto: sia azzurra e bianca, fuori, l'architettura, e bianca e azzurra dentro."

81 „[…] una costruzione costituita dalla ripetizione orizzontale e verticale, di elementi uguali, non avendo una sua dimensione architettonica, cioè di composizione, non avendo una forma finita, in quanto solo puro ritmo, ripetuto, ripetibile, prolungabile per aggiunte, non appartenesse all'Architettura, intesa come opera d'arte."

147 „Nella stanza il soffitto bianco è un „vuoto". Vuole esso allora pareti colorate che «chiudano» la stanza: e pavimento di colore intenso, che l'accenti. (Stanza tutta bianca è un cofano, non architettura.)"

Bericht zum Sommerfest – Architekturstiftung Südtirol

Sommerfest „neue Ideen für das Hotel Paradiso" – Der Zauberberg und das Hotel Paradiso – sommerlich-festliche Informationen und Ideen

Die Magie des Ortes, erhöht durch die einprägsame Architektur des Razionalismo von Giò Ponti hat alle Anwesenden ergriffen und beflügelt – bei aller Trauer über die Agonie in der sich das ehemalige Hotel Paradiso befindet. Viele Menschen aus ganz Südtirol, dem Trentino, Venetien und der Lombardei zog es letzten Samstag ins Martelltal, um sich vor Ort selbst ein Bild vom Hotel Paradiso zu machen, das dort 1935 von Architekt Gio Ponti nach einem Konzept geplant wurde, das seinen Zeiten weit voraus war: es war nach unseren heutigen Begriffen ein „Art'otel", das nicht nur für die feinen Gäste offen war, die hier länger Urlaub machten und jeden Luxus genießen konnten, sondern auch für die Touristen und Tagesausflügler. Das Programm des Sommerfestes versuchte einerseits Informationen über die Planung, den Bau und den Planer selbst zu geben, weiters wurde ähnliche Architektur aus diesen Jahren verglichen und erklärt. Es wurde über den Tourismus in Martell in Bezug auf das Hotel Paradiso gesprochen und als weitere Grundlage für die workshops wurden auch bereits vorhandene Lösungsvorschläge für eine Wiederverwendung

vorgestellt. (Details siehe beiliegendes Programm) Erzählungen der Zeitzeugen Sepp Perwanger, Linde Laimer, Antonia Stricker und Erwin Altstätter, eine musikalisch/poetische Einlage von Magda und Arno Dejaco, sowie unterschiedlichste musikalische Darbietungen der Gruppe [ane'sik] von Harald Kofler, dem Duo Rolando Biscuola und Christine Plaickner sowie der Gruppe um Jacopo Falchi aus Città di Castello in Umbrien lockerten den Vortragsteil auf und unterhielten die vielen Familien, die mit Kind und Hund in die fantastische Marteller Bergwelt gekommen waren. Eine Besonderheit bot Stefano Cagol in Zusammenarbeit mit Dolomiti Contemporanee mit seiner EisPerformance "Confine". Köstlichkeiten wurden vom Sportverein und der Erzeugergenossenschaft Martell angeboten, der Alpenverein und Rosita Izzo bastelten mit den Kindern, zum Schluss gab es auch eine kurze lehrreiche Führung durch den Nationalpark Stilferjoch. Der Film von Carmen Tartarotti "Il Paradiso del Cevedale" beendete den Tag. Hauptpunkt des Tages war jedoch die Arbeit in den Arbeitsgruppen: Anhand der Informationen vom Vormittag beschäftigten sich die Teilnehmer einige Stunden lang damit, welche Funktion und Form dieses Monument der modernen Architektur der 1930er Jahre künftig annehmen könnte. Die Vorschläge gingen vom totalen Abriss und der Verlagerung der Kubatur aus dem Nationalpark heraus über den langsamen Verfall der Ruine, begleitet durch eine akustische Installation, der Fertigstellung

der von Bennati begonnen Erweiterungsarbeiten bis zum Rückbau in die ursprünglich von Giò Ponti errichtete Form und einer Erweiterung abseits dieses Baus in niedriger bzw. eingegrabener Form. Es wurde länger über die Notwendigkeit des heute von Hotels erwartetem Luxus diskutiert. Einhellig bestand die Meinung, dass Südtirol versuchen sollte zwischen den beiden Extremen des gegenwärtigen Tourismus – Massentourismus und Fünf-Sterne-Luxustourismus – einen eigenen, neuen Weg zu finden. Für einen individuellen Tourismus, der nicht Törggelen oder Golfen sucht, gibt es längst eine eigene, gebildete Gästegruppe, die einheimische Qualitätsprodukte ebenso zu schätzen weiß, wie ungestörte Natur, Ruhe und eine Einfachheit, die sich wieder auf die wesentlichen Bedürfnisse besinnt. Gäste, die etwas von der Identität ihres Ferienortes verstehen wollen und sogar dessen Magie begreifen, werden immer zahlreicher. Gleichzeitig wurde aber auch festgestellt, dass dieser Bau an diesem magischen Ort nicht nur Auswärtigen sondern auch Einheimischen ein Ziel sein sollte und dadurch sich in besonderer Weise in das Tal integrieren kann. Bereits das frühere Hotel Paradiso bot sowohl Luxusgästen als auch Bergwanderern eine Bleibe. Für die unbedingt sehr persönliche Führung eines solchen Hauses ist abgesehen von der Investition zur Renovierung eine ganz spezielle „Seele" notwendig, wie ein Diskussionsteilnehmer treffend feststellte. Die Arbeitsgruppen befassten sich ausführlich mit der wirtschaftlichen Seite. Es wurde überlegt, dass das Haus wieder in seinen ursprünglichen Zustand vor dem Um- und Anbau zurückgeführt werden könnte, ohne unbedingt eine nostalgische Renovierung vorzunehmen: Teile des Innenausbaus könnten die Gestaltung Giò Pontis wieder aufnehmen, andere Bereiche dagegen könnten durchaus in zeitgemäßer Architektur ausgeführt werden. Dafür gibt es in Südtirol gute Beispiele, wie bei den Hotelbauten Zirmerhof oder Parkhotel Holzner. Als ernsthaft zu prüfende Überlegung wurde die Gründung einer Stiftung vorgeschlagen. Die gemeinnützigen Ziele der Stiftung könnten äußerst vielfältig sein und von der Nutzung für Studierende, Künstler, beruflich Auszubildende, sozial Benachteiligte u. a. liegen. Es könnte das Thema Mensch und Natur thematisiert werden. Es wurde über eine Nationalpark-Projektschule mit Jugendherberge gesprochen, genauso wie über mögliche Kontakte zu den Universitäten Triest, Innsbruck und Trient, welche an diesem Ort alpenübergreifende Studien über Geologie oder Architektur im Alpenraum ansiedeln könnten. Auch an ein alpines Ausbildungszentrum für den Alpenverein wurde gedacht. Ebenso wurden Nutzungen im Bereich der Sanität vorgeschlagen, wie ein Rehabilitationszentrum für Burnout- oder Krebspatienten. Personen, die sich im Rahmen der Stiftungsziele im Hause aufhalten, benötigen keinen Luxus, sondern sollen andere, kreative Werte erfahren können. Nicht alle Räume müssten der Stiftung oder der Gastronomie

dienen. Es könnten im Haus Räume für das „Haus des Nationalparkes" eingerichtet und damit eine weitere finanzielle Förderung durch das Land erschlossen werden. Ziel könnte so auf Dauer das „Nationalparkhotel Paradiso" sein. Eine Arbeitsgruppe hingegen fand, man solle das Gebäude nur unter seinem geschichtlichen und architektonischen Wert heraus sehen, bis man die geeignete Funktion für eine Wiederverwendung findet. Das Projekt sollte vor allem mit Hilfe und Unterstützung der Marteller Bevölkerung (Handwerker, Hoteliers usw.) verwirklicht werden, sodass die Wirtschaft des Tales an einem möglichen Aufschwung beteiligt wird und sich auch die lokale Bevölkerung mit dem Haus identifizieren kann. Gerade die wertvolle Unterstützung der Gemeinde durch Bürgermeister Georg Altstätter bei der Organisation des Festes hat gezeigt, wie sehr sich heute der Großteil der Marteller mit dem Gebäude auseinandersetzt. Die Anwesenden beteiligten sich intensiv an der von Eberhard Daum geleiteten Diskussion über die Ergebnisse der Arbeitsgruppen. Am Schluss stand einhellig die Meinung, dass dieses Gebäude an diesem Ort mehr als ein touristisches Ziel ist – es ist ein kultureller Wert, einzigartig in den Alpen. Die Veranstaltung schloss mit der Bitte an die Eigentümer eine Lösung zu finden, die diesem Wert angemessen ist.

Klaus Ausserhofer, Kurt Wiedenhofer, Margot Wittig im Namen der Architekturstiftung Südtirol, August, 2013.

Literaturverzeichnis

Bücher

BOLZONI, LUCIANO, *Architettura moderna nelle alpi italiane – dal 1900 alla fine degli anni Cinquanta*, Turin 2000.

CEREGHINI, MARIO, *Costruire in montagna*, Mailand 1950.

DAMUS, MARTIN, *Architekturform und Gesellschaftsform. Architektur und Städtebau unter dem Einfluss von Industrialisierung, Großvergesellschaftung und Globalisierung 1890 – 1945*, Berlin 2010.

DENTI, GIOVANNI, TOSCANI, CHIARA, *Gio Ponti. Albergo Paradiso al Cevedale*, Florenz 2011.

ENTE PROVINCIALE PER IL TURISMO BOLZANO [Hrsg.], *Guida invernale dell'Alto Adige*, Bozen o. J.

ETHIN, RICHARD A., *Modernism in Italian Architecture 1890 – 1940*, Cambridge / Massachusetts / London 1991.

GRIEBEN REISEFÜHRER [Hrsg.], *Meran (Merano) und Umgebung mit Angaben für Autofahrer*, Berlin 1937.

LICITRA PONTI, LISA, *Gio Ponti – L'opera*, Milano 1990.

MIODINI, LUCIA, *Gio Ponti. Gli anni trenta*, Milano 2001.

MORODER, JOACHIM, PETER, BENNO, *Hotelarchitektur. Bauten und Projekte für den Tourismus im alpinen Raum 1920 – 1940*, Innsbruck 1993.

PICCIONE, PAOLO, *Gio Ponti. Le navi, Il progetto degli interni navali 1948 – 1953*, Milano 2007.

PONTI, GIO, *Amate l'architettura. L'architettura è un cristallo*, Genua 1957.

RUCKI, ISABELLE, *Das Hotel in den Alpen. Die Geschichte der Oberengadiner Hotelarchitektur von 1860 – 1914*, Zürich 1989.

SEHMISCH, GERHARD, *Die Fremdenverkehrsentwicklung im Sulden-, Trafoi- und Martelltal*, Innsbruck 1975.

WEBER, BEDA, *Das Land Tirol. Mit einem Anhange: Vorarlberg. Handbuch für Reisende. 3. Band. Nebenthäler. Vorarlberg*, Innsbruck 1838.

Aufsätze in Büchern

ABRAM, ZENO, *Kurzer Abriss über die Südtiroler Architektur des 20. Jahrhunderts*, in: ORDINE DEGLI ARCHITETTI DELLA PROVINCIA DI BOLZANO, *Architettura in Alto Adige – dal 1900 ad oggi*, Bozen 1993, S. 8ff.

BASSETTI, SILVANO, *L'architettura in Sudtirolo. Alla ricerca di un'identità culturale tra conflitto e convivenza*, in: ORDINE DEGLI ARCHITETTI DELLA PROVINCIA DI BOLZANO, *Architettura in Alto Adige – dal 1900 ad oggi*, Bozen 1993, S. 7ff.

Beiträge in Ausstellungskatalogen

BOCCHIO, IVAN, *Gio Pontis Vision. Die Rationalisierung und „Italianisierung" Südtirols*, in: STACHER, SUSANNE, HÖLZL, CHRISTOPH, *Dreamland Alps. Utopische Projektionen und Projekte in den Alpen*, Ausst. Kat. (Archiv für Baukunst der Universität Innsbruck, Innsbruck), Innsbruck 2014, o. S.

MAYR – FINGERLE, CHRISTOPH, *Hotelarchitektur in den Alpen 1920 – 1940*, Ausst. Kat. (Hotel Drei Zinnen, Sexten–Moos), Sexten 1989.

RÖSCH, PAUL, *Der zweite Frühling einer alten Dame. Fragmente der Tourismusentwicklung Merans*, in: ATHESIA–TAPPEINER VERLAG [Hrsg.], *Perspektiven der Zukunft. Meran 1945 – 1965*, Ausst. Kat. (Kunst Meran, Meran), Meran 2012, o. S.

Aufsätze in Zeitschriften

CALZINI, RAFFAELE, *Per la conservazione di tradizioni decorativi,* in: Domus, Nr. 47, 1931, S. 48 – 51, S. 94.

KÖLL, LOIS, *Als Schiläufer im Martell,* in: Mitteilungen des Deutschen und Österreichischen Alpenvereins, Jg. 1933, Nr. 3, 1933, S. 61 – 64.

KÖLL, LOIS, *Marteller Briefe*, in: Der Schlern, Jg. 30, 1956, S. 208 – 215.

MASERA, PAOLO, *Un albergo di montagna esemplare*, in: edilizia moderna, Nr. 27, 1938, S. 14 – 21.

PASQUALI, A., *Notiziario Tecnico. Il Populit,* in: Domus, Nr. 83, 1934, S. 74–75.

PIACENTINI, Marcello, *Onore dell'architettura italiana*, in: Architettura, Nr. 7, 1941, S. 263–273.

PINCHETTI, CESARE, *La nostra attrezzatura alberghiera, ieri oggi domani,* in: edilizia moderna, Nr. 27, 1938, o. S.

PONTI, GIO, *Colore negli ambienti,* in: Domus, Nr. 61, 1933, S. 25.

PONTI, GIO, *L'attrezzatura alberghiera e la produzione nazionale,* in: Domus, Nr. 138, 1939, S. 69–70.

PONTI, GIO, *Per un albergo a Sorrento,* in: Domus, Nr. 415, 1964, S. 29–36.

PONTI, GIO, *Una piccola casa ideale*, in: Domus, Nr. 138, 1939, S. 40–46.

SPINELLI, LUIGI, *Sport Hotel*, in: Domus, Nr. 964, 2012, S. 142–144.

O.A., *Rund um das neue Postamt Ganda in Val Martello*, in: Alpenzeitung, Jg. 11, Nr. 18, 1936, S. 6.

O.A., *Die Tätigkeit der Provinzialkörperschaft für Fremdenverkehr,* in: Alpenzeitung, Jg. 11, Nr. 156, 1936, S. 5.

O.A., *Aus der Valle Venosta,* in: Alpenzeitung, Jg.11, Nr. 166, 1936, S. 8.

O.A., *Die Eröffnung des Hotels „Val Martello",* in: Alpenzeitung, Jg. 12, Nr. 60, 1937, S. 4.

O.A., *Telegraphendienst im Albergo „Val Martello",* in: Alpenzeitung, Jg. 14, Nr. 274, 1939, S. 2.

O.A., *Für Wintersportfreunde,* in: Alpenzeitung, Jg. 14, Nr. 304, 1939, S. 2.

O.A., *Das Paradies des Cevedale*, in: Alpenzeitung, Jg. 16, Nr. 19, 1941, S. 4.

O.A., *Gute Saison im Vinschgau,* in: Dolomiten, Jg. 14, Nr. 28, 1937, S .6.

O.A., *Quattro progetti di piccoli alberghi per montagna,* in: Domus, Nr. 55, 1932, S. 397–400.

O.A., *La mostra dell'abitazione,* in: Domus, Nr. 65, 1933, S. 230.

O.A., *L'arredamento alla Triennale,* in: Domus, Nr. 65, 1933, S. 232.

O.A., *Il problema architettonico alberghiero,* in: Domus, Nr. 69, 1933, S. 478–483.

O.A., *Un nuovo albergo, un nuovo stupendo centro turistico italiano,* in: Domus, Nr. 121, 1938, S. 10–11.

O.A., *o.T.,* in: edilizia moderna, Nr. 27, 1938, S. 48–57.

Quellenverzeichnis

Filme

TARTAROTTI, CARMEN, *Paradiso del Cevedale*, 1993, VHS, Deutschland, Carmen Tartarotti Filmproduktion.

RIZ, VERONIKA, *Lafnetscha*, 2003, DVD, Italien, Albolina Film GmbH.

Briefe

PENATI, EMILIO, *Brief an Anita Penati, Meran 16.06.1935*, in: TARTAROTTI, CARMEN, *Paradiso del Cevedale*, 1993, VHS, Deutschland, Carmen Tartarotti Filmproduktion.

Gespräche

Gedächtnisprotokoll zum Gespräch mit Herrn Dr. Walter Unterthurner, technischer Leiter der Brauerei Forst, bei einer gemeinsamen Begehung des Hotel Paradiso am 14.05.2015.

Internetquellen

GEMEINDE MARTELL, URL: http://www.gemeinde.martell.bz.it, Zugriff am 20.09.2021.

GIO PONTI ARCHIVES, URL: http://www.gioponti.org/it, Zugriff am 20.09.2021.

LANDESINSTITUT FÜR STATISTIK ASTAT, AUTONOME PROVINZ BOZEN – SÜDTIROL, URL: https://qlikview.services.siag.it/QvAJAXZfc/opendoc.htm?document=tourismus.qvwundhost=QVS%40titan–aundanonymous=true, Zugriff am 20.09.2021.

LANER, JOSEF, *Historische Zufall-Hütte nachgebaut*, in: Der Vinschger, Nr. 16, (09.08.2006), URL: http://www.dervinschger.it/artikel.phtml?id_artikel=6903, Zugriff am 20.09.2021 05.03.2015.

LANDESBIBLIOTHEK DR. FRIEDRICH TESSMANN, *Foglio Annunzi Legali della Provincia di Bolzano (24.07.1935)*, in: Foglio Annunzi Legali Prefettura Bolzano, S. 61 – 66, URL: https://digital.tessmann.it/tessmann-Digital/archivioGiornali/edizione/giornale/49/24.07.1935, Zugriff am 27.09.2021.

PARCO DEI PRINCIPI, GRAND HOTEL und SPA ROMA, URL: http://www.robertonaldicollection.com/ita/parco_dei_principi/albergo_5stelle_lusso_roma.htm, Zugriff am 20.09.2021.

PARCO DEI PRINCIPI, SORRENTO, URL: www.royalgroup.it/parcodeiprincipi/it/hotel, Zugriff am 20.09.2021.

REITERER, GABRIELE, *Der Traum vom Paradies. Gio Pontis Hotel in den Bergen des Valmartello*, in: Neue Zürcher Zeitung (07.12.1998), URL: http://www.nextroom.at/building.php?id=1917undsid=4157, Zugriff am 20.09.2021.

TIROL ATLAS, *Martell*, Universität Innsbruck, URL: http://tirolatlas.uibk.ac.at/places/show.py/index?id=210049, Zugriff am 20.09.2021.

TIROL ATLAS, *Kulturlandschaftswandel in Südtirol*, Universität Innsbruck, URL: https://tirolatlas.uibk.ac.at/kls/martell/ueberblick.html, Zugriff am 20.09.2021.

TRAFOJER, PHILIPP, *Das Paradies der Schieber*, in: Der Vinschger, Nr. 15, (01.08.2002), URL: http://www.der-vinschger.it/artikel_drucken.phtml?id_artikel=44, Zugriff am 20.09.2021.

VECCHIONE, FABRIZIA, *50 anni di Gio Ponti a Sorrento*, URL: www.domus-web.it/it/design/2012/07/09/50–anni–di–gio–ponti–a–sorrento.html, Zugriff am 20.09.2021.

VIRTUELLES TECHNIKERMUSEUM, *Kuratorium für Technische Kultur-güter*, URL: http://www.tecneum.eu/index.php?option=com_tecneumundtask=objectundid=443, Zugriff am 20.09.2021.

Archivalien

PONTI, GIO, *Quattro colori per i turisti*, CSAC, Centro Studi e Archivio della Comunicazione, Università di Parma, Fondo Gio Ponti, Tav. 108.

Abbildungsverzeichnis

Abb. 57 Fotograf unbekannt, Paolo Masera, Un albergo di montagna esemplare, in: edilizia moderna, Nr. 27–28, 1938, S. 20

Abb. 58–59 Fotograf unbekannt, Paolo Masera, Un albergo di montagna esemplare, in: edilizia moderna, Nr. 27–28, 1938, S. 18

Abb. 60 Fotograf unbekannt, Paolo Masera, Un albergo di montagna esemplare, in: edilizia moderna, Nr. 27–28, 1938, S. 20

Abb. 61 Fotograf unbekannt, Paolo Masera, Un albergo di montagna esemplare, in: edilizia moderna, Nr. 27–28, 1938, S. 21

Abb. 63, 100 S.A.I.G.A. Già Barabino und Graeve Genova (Hersteller), Sammlung Touriseum – Südtiroler Landesmuseum für Tourismus, Meran (Collezione Touriseum – Museo Provinciale del Turismo, Merano); Inv. Nr. 4107754

Abb. 65 Fotograf unbekannt, Paolo Masera, Un albergo di montagna esemplare, in: edilizia moderna, Nr. 27–28, 1938, S. 17

Abb. 77 URL: http://www.royalgroup.it/royalcontinental/it/pagine/view/48/, Zugriff am: 27.09.2021

Abb. 78, 79 Gio Ponti, Una piccola casa ideale, in: Domus, Nr. 138, 1939, S. 43

Abb. 80–81, 89, 103, Grafik der Verfasserin

Abb. 82 S.A.I.G.A. Già Barabino und Graeve Genova (Hersteller), Sammlung Touriseum – Südtiroler Landesmuseum für Tourismus, Meran (Collezione Touriseum – Museo Provinciale del Turismo, Merano); Inv. Nr. 4084891

Abb. 106 Fotograf unbekannt, Bestand Südtirol Tourismus Werbung, Amt für Film und Medien, Autonome Provinz Bozen-Südtirol, Inv. Nr. 9/1082

Abb. 107–114, 83–88, 92–96, Darstellung der Verfasserin, Pläne rekonstruiert mit Daten entnommen aus: Archiv CSAC (Centro Studi e Archivio della Comunicazione), Università di Parma, Fondo Gio Ponti

Abb. im Raumbuch: Grafiken und Fotografien der Verfasserin

Abbildungsverzeichnis

Wiener Schriften zur Kunstgeschichte und Denkmalpflege

Band 1

Die Wiener „Quellenschriften" und ihr Herausgeber Rudolf Eitelberger von Edelberg. Kunstgeschichte und Quellenforschung im 19. Jahrhundert, von Andreas Dobslaw, Deutscher Kunstverlag, Berlin München 2009. ISBN 978-3-422-06743-1

Band 2

Freiplastik in Wien 1451–1918, von Manfred Wehdorn, unter Mitarbeit von Ulrike Biermayer, Deutscher Kunstverlag, Berlin München 2009. ISBN 978-3-422-06781-3

Band 3

Kunstpopularisierung und Kunst-wissenschaft. Die Wiener Kunst-zeitschrift „Die Graphischen Künste" (1879–1933), von Sabine Tröger, Deutscher Kunstverlag, Berlin München 2011. ISBN 978-3-422-06983-1

Band 4

Heinrich Waderé (1865–1950). Ein Münchner Bildhauer der Prinzregen-tenzeit, von Yvette Deseyve, Deutscher Kunstverlag, Berlin München 2011. ISBN 978-3-422-06984-8

Band 5

Haltung I Bewahren, Fernando Tavora, Eduardo Soute de Moura und ihr Umgang mit Denkmalen, von Katharina Francesca Lutz, Deutscher Kunstverlag, Berlin München 2020. ISBN 978-3-422-07478-1

Herausgeber
Nott Caviezel und Robert Stalla

Lektorat und Redaktion
Katharina Schwarzenegger,
Nott Caviezel

Übersetzungen
Silke Alber

Visuelle Konzeption und Gestaltung
lenz + henrich gestalterinnen
Gabriele Lenz und Elena Henrich

Layout
Katharina Schwarzenegger

Druck und Bindung
Medienfabrik Graz

Papier
Umschlag: Munken Lynx rough, 200 g/m^2
Kern: Munken Lynx 130 g/m^2 und
150 g/m^2

Schriften
Neue Helvetica (Linotype Design
Studio,1983; Max Miedinger, 1957 und
Monotype Design Studio, 2016)
Sabon (Jan Tschichold, 1967)

Die Autorin und Herausgeber haben
sich bemüht, alle Inhaber von
Urheberrechten ausfindig zu machen.
Sollten dennoch berechtigte Ansprü-
che bestehen, bitten die Herausgeber
um Mitteilung.